IRREPROCHABLE EN SU VENIDA
y otros sermones

IRREPROCHABLE EN SU VENIDA
y otros sermones

POR LA JUNTA DE

SUPERINTENDENTES

GENERALES

IGLESIA DEL NAZARENO (2005-2009)

Casa Nazarena de Publicaciones

Publicado por
Casa Nazarena de Publicaciones
17001 Praire Star Parkway
Lenexa, KS 66220 EUA.

informacion@editorialcnp.com - www.editorialcnp.com

Título original en inglés:
Blameless at His Coming
    By the Board of General Superintendents,
    Church of the Nazarene, 2005-2009
    Copyright © 2009
    Beacon Hill Press of Kansas City
    A Division of Nazarene Publishing House
    Kansas City, Missouri 64109 USA

    This edition published by arrangement
    with Nazarene Publishing House
    All rights reserved

Esta edición se publica con permiso
de Nazarene Publishing House
Copyright © 2010
Todos los derechos reservados

Traducción: *Semantics*. Nashville, P.O. Box 290186, TN 37214, EUA.
Diseño de portada: José Luis Guzmán.
Diagramación de textos: *Semantics*. P.O. Box 290186, Nashville, TN 37214, EUA.

ISBN 978-1-56344-560-6
Categoría: Sermones / Santidad

A menos que se indique lo contrario, todas las citas bíblicas han sido tomadas de la Santa Biblia Versión Reina-Valera revisión 1960, de Sociedades Bíblicas Unidas. Usadas con permiso.

Excepto para breves citas, ninguna parte de este libro puede ser reproducida, almacenada o transmitida en cualquier forma o por cualquier medio sin la previa autorización escrita de la editorial.

CONTENIDO

	Prefacio	7
1.	Vivir en el capítulo ocho James H. Diehl	9
2.	Lecciones para la vida que mi iglesia me ha enseñado Paul G. Cunningham	19
3.	Bautismo con el Espíritu Santo y fuego Jerry D. Porter	33
4.	Irreprochable en su venida Jesse C. Middendorf	47
5.	Ser perfecto, ¿quién, yo? Nina G. Gunter	57
6.	Santificados por completo J. K. Warrick	71
7.	Tres bendiciones de la santidad James H. Diehl	81
8.	Vivir la vida como una celebración, a pesar de todo Paul G. Cunningham	93
9.	Revestidos por el Espíritu Santo Jerry D. Porter	107
10.	La promesa de la santidad Jesse C. Middendorf	121
11.	La promesa del Espíritu Santo Nina G. Gunter	133
12.	Tu vida en seis palabras J. K. Warrick	145

PREFACIO

Crecí escuchando grandes predicaciones acerca de la santidad por parte de mi padre y héroe, el Dr. Gene Fuller. Me senté bajo la predicación santa y ungida del Dr. Paul Cunningham mientras era estudiante en la Universidad Nazarena MidAmerica. Y experimenté de forma personal la gracia santificadora de Dios cuando abracé su llamado para predicar acerca de la santidad mientras me encontraba bajo la tutela de grandes eruditos de la santidad tales como Purkiser, Greathouse y Deasley cuando asistí al Seminario Teológico Nazareno de Kansas City.

He estado inmerso en el mensaje lleno de esperanza y liberador de la santidad toda la vida. Pero recién cuando fui pastor durante varios años, Dios me reveló que la santidad debe ser más que un credo para creer, una crisis para experimentar o incluso un mensaje que se debe proclamar. La santidad se convirtió en la pasión de mi vida. El mandamiento de Jesús de "Amarás al Señor tu Dios con todo tu corazón, y con toda tu alma, y con toda tu mente" (Mateo 22:37) se convirtió en la obsesión que me absorbe. Ya no prediqué más un mensaje ocasional de santidad; era el grito del corazón de cada mensaje. No había necesidad de programar una semana con énfasis en la santidad, porque era el énfasis de cada semana.

No pienso que fuera simple coincidencia, pero allí fue cuando la iglesia comenzó a tomar alas y Dios me llevó a otro nivel de ministerio. Fue como si Él me dijera: "Ahora que estás alineado con mi propósito para esta iglesia y con mi llamado sobre tu vida, te puedo confiar las bendiciones del Reino".

Mientras entramos en el segundo siglo de la existencia de la Iglesia del Nazareno como denominación, estoy convencido de que el mensaje de Dios es el mismo. Mientras lees estos mensajes de santidad de nuestros superintendentes generales, escucharás una vez más la señal de alerta que los padres fundadores oyeron hace más de un siglo. Oro para que adoptes la pasión de su corazón como propia. La santidad todavía es "nuestro lema y canción". Dios ha puesto delante de nosotros el desafío de enmarcar el mensaje eterno de santidad en formas que capturarán la imaginación de las generaciones emergentes, pero no se convertirá en la pasión de las generaciones futuras si es simplemente un credo para creer, un mensaje que se debe proclamar, o incluso un hecho que se debe experimentar. Se convencerán sólo cuando vean que amar a Jesús y amar a las personas por las cuales Él murió es la pasión que nos consume. Aceptemos el desafío de compartir esa verdad, arremanguémonos y movámonos más allá en el poder y la unción del Espíritu Santo.

Mark Fuller, pastor
Iglesia del Nazareno, Grove City.

1
VIVIR EN EL CAPÍTULO OCHO

James H. Diehl

Texto: Romanos 7-8

La pregunta es "¿Por qué?"¿Por qué haces todo lo que haces por la iglesia? ¿Por qué apartas dinero todas las semanas para diezmo y ofrenda? ¿Por qué pasas horas enseñando a esos niños de la iglesia? ¿Por qué te desgastas al trabajar con adolescentes? ¿Por qué organizas y realizas viajes con adultos? ¿Por qué fuiste a la iglesia la semana pasada para cortar el césped, quitar la maleza y dar brillo al vidrio de la puerta principal?

Pastor, ¿por qué gastó todo ese dinero en ir a la universidad, donde se especializó en religión? ¿Por qué pasó tiempo y gastó dinero en ir al seminario o a la universidad bíblica? ¿Por qué pasa horas y horas cada semana en dar a luz sermones para la gente de la iglesia? ¿Por qué fue a la casa de una pareja la semana pasada a las 10 y media de la noche y se quedó hasta las dos de la madrugada en un intento por salvar su matrimonio? ¿Por qué hizo eso? ¿Le pagan por esas horas extras? ¿Por qué trabaja 50 ó 60 horas y a veces 70 horas por semana por un pago menor al que gana el ejecutivo de negocios promedio?

Las preguntas podrían seguir por siempre. ¿Por qué haces todo lo que haces por la iglesia? ¿Por qué hago todo lo que hago? ¿Por qué hacemos todas esas cosas por las personas y por la iglesia?

¿Es para que tengamos un lugar para casar a los jóvenes y enterrar a los muertos? ¿Para que tengamos un lindo lugar de reunión de la comunidad? ¿Para que podamos brindar un centro para la juventud de la ciudad? No, debe haber una respuesta más profunda que esa.

¿Por qué? Porque la humanidad tiene un problema de pecado terrible.

Pablo les escribía a los cristianos en Roma y aún más allá cuando comenzó a describir el problema de pecado de la humanidad. Su escrito era como la pintura de un artista en lienzos grandes. Primero, toda la gama de colores oscuros salpicaban sobre el lienzo, negro, azul, púrpura, gris, con un toque de marrón oscuro. El fondo debe ser oscuro. Escucha al apóstol Pablo. ¿Esto es lo suficientemente oscuro?

> Porque sabemos que la ley es espiritual; más yo soy carnal, vendido al pecado. Porque lo que hago, no lo entiendo; pues no hago lo que quiero, sino lo que aborrezco, eso hago... De manera que ya no soy yo quien hace aquello, sino el pecado que mora en mí... Porque el querer el bien está en mí, pero no el hacerlo. Porque no hago el bien que quiero, sino el mal que no quiero, eso hago... Porque según el hombre interior, me deleito en la ley de Dios; pero

veo otra ley en mis miembros, que se rebela contra la ley de mi mente, y que me lleva cautivo a la ley del pecado que está en mis miembros. *¡Miserable de mí! ¿Quién me librará de este cuerpo de muerte?*
(Romanos 7:14-15, 17-19, 22-24, *énfasis añanido*).

¿Es lo suficientemente oscuro? ¡La humanidad tiene un problema de pecado terrible! Pablo lo describe como una guerra interior, un deseo de hacer el bien y de acciones que terminan mal; un deseo de no hacer el mal, pero con el mal como resultado de todos modos. ¡Mi alma esta en cautiverio y no puedo ser libre! Luego oímos este clamor vacío de un alma enferma de pecado: "¡Miserable de mí! ¿Quién me librará de este cuerpo de muerte" (v.24).

Una de las razones por las cuales haces las cosas que haces por las personas y por la iglesia es porque cada persona en este planeta tiene un problema de pecado. El pecado lleva a la muerte y la muerte espiritual eterna es el infierno. ¡Esos lienzos lucen extremadamente oscuros!

Pero, ¡no dejes de leer en el versículo 24! ¡Pablo no se detuvo en ese clamor lastimoso! Continuó hasta llegar a la respuesta: "Gracias doy a Dios, por Jesucristo Señor nuestro" (v.25).

¿Por qué? ¡Porque hay libertad del pecado a través de Jesucristo nuestro Señor!

Mira los colores brillantes con los que ahora Pablo salpica el lienzo.

Ahora, pues, ninguna condenación hay para los que están en Cristo Jesús, los que no andan conforme a la carne, sino conforme al Espíritu. Porque la ley del Espíritu de vida en Cristo Jesús me ha librado de la ley del pecado y de la muerte (Romanos 8:1-2).

¡Eso no suena como Romanos 7! No hay cautiverio aquí. ¡No hay guerra interna aquí!

Pablo continúa:

> Porque los que son de la carne piensan en las cosas de la carne; pero los que son del Espíritu, en las cosas del Espíritu. Porque el ocuparse de la carne es muerte, pero el ocuparse del Espíritu es vida y paz. Y si el Espíritu de aquel que levantó de los muertos a Jesús mora en vosotros, el que levantó de los muertos a Cristo Jesús vivificará también vuestros cuerpos mortales por su Espíritu que mora en vosotros.
>
> (Romanos 8:5-6,11)

Romanos 7 es una descripción vívida del problema del pecado de la humanidad. Romanos 8 es una descripción vívida de la solución para este problema desesperante: Vivir en el Espíritu a través de Jesucristo nuestro Señor. ¡Hay una cura! ¡Hay libertad del pecado! ¡Hay vida espiritual y paz ahora!

Existe una segunda razón por la cual haces todo lo que haces por las personas y por la iglesia: Hay una cura para este problema de pecado, y la cura es ¡la vida en el Espíritu a través de Jesucristo! ¡Qué salpicadura de colores brillantes que hay en el lienzo oscuro de la vida!

Por lo tanto, ¡sal del capítulo siete y entra al capítulo ocho! El capítulo ocho de la carta a los romanos es el capítulo que nos dice acerca de estar llenos del Espíritu. En el capítulo siete, cuando Pablo describe la plaga del pecado dentro del corazón humano, no usa la palabra "Espíritu" en ningún momento, ni siquiera una vez entre los versículos 7 y 25. Cuando cambia el foco hacia la vida llena del Espíritu, usa la palabra "Espíritu" para referirse al Espíritu Santo de Dios casi 20 veces. ¿Puedes notar la diferencia? El capítulo siete se trata de la vida *sin* el Espíritu. El capítulo ocho se trata de la vida en el Espíritu. ¡Sal del capítulo siete! No dejes de leer en el versículo 24: "¡Miserable de mí! ¿Quién me librará de este cuerpo de muerte?" Continúa leyendo. Obedece a Dios. Camina hacia la próxima verdad: "Ahora, pues, ninguna condenación hay para los que están en Cristo Jesús, los que no andan conforme a la carne, sino conforme al Espíritu" (Romanos 8:1). Alaba a Dios, ¡hay victoria sobre el pecado ahora!

Pero existe una tercera razón por la cual haces todo lo que haces por la gente, por las personas en cualquier lugar.

¿Por qué? Porque vivir la vida llena del Espíritu es "una victoria sin límites".

Escucha ahora al apóstol Pablo mientras casi grita estas declaraciones a los creyentes cristianos de Roma. "¿Qué, pues, diremos a esto? Si Dios es por nosotros, ¿quién contra nosotros?" (Romanos 8:31).

> ¿Quién nos separará del amor de Cristo? ¿Tribulación, o angustia, o persecución, o hambre, o desnudez, o peligro, o espada? ...Antes, en todas estas cosas somos más que vencedores por medio de aquel que nos amó.
> (Romanos 8:35,37)

> Por lo cual estoy seguro de que ni la muerte, ni la vida, ni ángeles, ni principados, ni potestades, ni lo presente, ni lo por venir, ni lo alto, ni lo profundo, ni ninguna otra cosa creada nos podrá separar del amor de Dios, que es en Cristo Jesús Señor nuestro.
>
> (Romanos 8:38-39)

¡Aleluya! ¡Eso es victoria, una victoria sin límites!

Por eso te pregunto: ¿Vives en el capítulo siete? Jesucristo ha provisto perdón y limpieza para el problema del pecado y quiere guiarte a la vida victoriosa llena del Espíritu del capítulo ocho. Este capítulo no describe el cielo, sino que es una descripción de la vida victoriosa, santificada que puedes vivir aquí y ahora. El Espíritu Santo te guía al capítulo ocho. ¡Sigue caminado!

Esa es la razón por la cual haces todo lo que haces por las personas y por la iglesia. ¡Crees en la verdad *bíblica* de que la humanidad tiene un problema de pecado mortal, que Jesucristo es la cura para ese problema y que la vida cristiana no es una vida de derrota sino una "vida de victoria"! Por lo tanto, predícalo, enséñalo, cántalo y sobre todo, vive una vida llena del Espíritu como se describe en Romanos 8. Es real, es victoriosa y a través de Jesucristo la puedes experimentar ahora.

Hubo un momento en mi propia vida en el que me quedé pegado en el capítulo 7. Era el verano previo al último año en la escuela secundaria. Hacía unos seis meses aproximadamente que, con certeza, había "nacido de nuevo" y eso marcó una diferencia enorme en mi vida, en mis hábitos y en mis acciones. Me había movido hasta la segunda fila de bancos de la iglesia, y trataba de escribir el bosquejo del pastor mientras predicaba. Estaba creciendo. Sin embargo, cada vez que lo oía a él o a cualquier otra persona predicar, escuchaba este susurro: *Quiero que seas un predicador*. Mi respuesta rápida era: *¡No quiero ser predicador! Quiero ser un cronista deportivo o un locutor*. Pronto terminaría la iglesia y seguiría mi camino para deshacerme de ello.

Realmente quería ser un cronista deportivo o un locutor. En ese momento era el editor de deportes del periódico de la escuela secundaria, el *North High Oracle*. Había tomado todas las clases de periodismo que la escuela tenía para ofrecer, clases extras de inglés, composición, discurso, hasta drama. Escribía historias y tomaba fotografías para las páginas de deportes del periódico. Amaba los deportes y amaba la comunicación. Mi casa estaba en Des Moines, Iowa, donde la estación de radio más poderosa era WHO. Mi objetivo personal era, un día, tomar el lugar de Jim Zabel como periodista deportivo en la radio WHO y en la televisión. Seguro quería ser un cristiano, pero un periodista deportivo o un locutor cristiano.

Quiero que seas predicador.

De ninguna manera, Señor. Yo tenía un sueño mayor. De repente, el domingo vendría otra vez con otro mensaje del pastor, otro bosquejo escrito, otro susurro de Dios: *Quiero que seas predicador*. Otro momento para deshacerme de ello.

No me di cuenta entonces, pero mi estado se describía en Romanos 7:

> Porque según el hombre interior, me deleito en la ley de Dios; pero veo otra ley en mis miembros, que se rebela contra la ley de mi mente, y que me lleva cautivo a la ley del pecado que está en mis miembros.
>
> (Romanos 7:22-23)

Una guerra se disputaba dentro de mi alma. Quería ser periodista deportivo; Dios quería que fuera un predicador de la Palabra. Era una lucha de tire y afloje, un estado lamentable, una vida de cortas victorias.

Después de algunos meses de lucha en mi interior, un jueves por la noche, llegué tarde a la reunión del campamento de distrito debido a las horas extras en el trabajo. El evangelista predicaba con fervor. Me senté en la parte de atrás del enorme tabernáculo pero no me pude concentrar en el mensaje del evangelista. Escuchaba otro mensaje, el de Dios. Esta vez lo oí de esta forma: *Decídete.¿Va a ser a tu manera o a la mía?*

Era tan miserable como puede ser un cristiano del capítulo siete y finalmente le dije al Señor: *Si este predicador interminable termina alguna vez, iré al altar y resolveré este asunto.*

Finalmente, el mensaje concluyó, comenzó la canción de invitación y el alumno de último año de la escuela secundaria, Jim Diehl, avanzó cabizbajo en el largo pasillo hacia el altar de oración. No tuve que preguntarme acerca de qué orar. Había sólo una cosa, una cosa a la cual no había deseado morir, una cosa que no clavaría en la cruz. Eso era mi voluntad, mi plan, mi sueño, mi deseo de ser un periodista deportivo. Esa noche moría mi voluntad egoísta. Clavé el sueño de mi vida en la cruz de Cristo. Finalmente dije: *Sí, Señor, haré lo que quieras que haga. Si quieres que sea un predicador, seré un predicador. Te doy todo lo que está en la vida de Jim Diehl. Señor, límpiame y lléname.*

Esa noche de jueves en la reunión de altar del campamento en Iowa, ¡el egoísta Jim Diehl fue clavado en la cruz! En las palabras de Pablo en Gálatas 2:20: "Con Cristo estoy juntamente crucificado, y ya no vivo yo, mas vive Cristo en mí".

La batalla se había terminado. La lucha del tire y afloje concluyó. La obra de limpieza y purificación del Espíritu Santo llegó y por primera vez en la vida experimenté paz, la paz de Dios. No lo sabía en ese momento, pero Jesucristo me había llevado de Romanos 7 a Romanos 8: "Porque el ocuparse de la carne es muerte, pero el ocuparse del Espíritu es vida y paz" (Romanos 8:6). La victoria había llegado. La paz inundaba mi alma. ¡Gracias sean dadas al Señor, me había llevado al capítulo ocho!

Eso fue hace muchos años. Con el correr de los años he escrito, escrito y escrito algo más. En nuestro tercer pastorado en Oskaloosa, Iowa, el Señor abrió la puerta de la radio. Durante siete años, todos los días de lunes a viernes después del noticiero de las 9:30 de la mañana, estuve en la radio KBOE en vivo durante quince minutos. Eso es mucha radio en vivo. ¡Finalmente saqué eso de mi sistema!

Luego, en un giro de acontecimientos milagrosos, Dios abrió la puerta de la televisión. La iglesia producía un programa de 30 minutos que se grababa todos los martes por la noche para emitirse los domingos a las 8:00 de la mañana. KTVO-TV emitía el programa a 44 condados en Iowa y Missouri, donde se compartían las buenas nuevas de Jesús. Cuando se comenzó a grabar el primer programa y la luz roja se encendió en la cámara de televisión, el Espíritu Santo me susurró en el oído interno: *Esto es lo que siempre quisiste hacer cuando eras niño, y ahora lo estás haciendo, no para un partido de fútbol, sino para Jesús.* ¿Te lo puedes imaginar? Realmente estaba en televisión, ¡para Jesús!

¿Por qué el Señor no me dijo cuando era alumno de último año de la escuela secundaria que al final me permitiría cumplir el sueño de escribir, estar en la radio y en la televisión? Morir a eso no hubiera sido tan difícil si lo hubiera sabido. Básicamente, sin embargo, todo lo que el Señor dijo fue: *Dame tu ser, todo de ti. Dame tu futuro, tu ambición, tus metas, todo. Muere a tu egoísmo. Dime que sí a mí.* Cuando hice eso, a través de la sangre poderosa de Jesucristo, mi corazón egoísta se limpió, purificó y llenó con su Espíritu. Me llevó al capítulo ocho. Aún vivo allí. La manera de Dios ha sido mil veces mejor que la mía, mil veces mejor.

Mi consejo para ti es este: Si vives en el capítulo ocho, cuéntales a todos acerca de eso. Diles de qué forma Dios te guió del capítulo siete al capítulo ocho. Nada es más convincente que un testimonio personal de la gracia de Dios que trabaja en tu vida. Como dije antes, predícalo, enséñalo, cántalo, vívelo.

Si vives en el capítulo siete, ve a Dios en oración todos los días y pídele que te guíe a la tierra prometida del capítulo ocho. Allí es donde vivirás y crecerás en la paz, en el poder y en la pureza del Espíritu Santo. No detengas tu lectura o tu vida en el capítulo siete versículo 24. Esa es una vida miserable. Ve al capítulo ocho, todo el camino hasta el versículo 39. ¡Sólo entonces experimentarás la verdadera victoria sin límites!

2
LECCIONES PARA LA VIDA QUE MI IGLESIA ME HA ENSEÑADO

Paul G. Cunningham

Texto: 2 Timoteo 3:14-17

> Pero persiste tú en lo que has aprendido y te persuadiste, sabiendo de quién has aprendido; y que desde la niñez has sabido las Sagradas Escrituras, las cuales te pueden hacer sabio para la salvación por la fe que es en Cristo Jesús. Toda la Escritura es inspirada por Dios, y útil para enseñar, para redargüir, para corregir, para instruir en justicia, a fin de que el hombre de Dios sea perfecto, enteramente preparado para toda buena obra.
>
> (2 Timoteo 3:14-17)

La iglesia es una máquina de enseñanza. Reconozco que el Señor y la iglesia me han enseñado casi todo, lo que quizá no sea mucho, pero es una gran cosa para mí.

Lección uno: Cómo encontrar el destino eterno de la vida.
Todo comenzó hace mucho tiempo con una impresión inolvidable. Ocurrió durante la lección en una sesión nocturna de la Escuela Bíblica de Vacaciones cuando tenía cinco o seis años.

El obrero de la Escuela Bíblica de Vacaciones que estaba encargado de presentar la lección nos habló acerca de la necesidad de tener un corazón limpio. Mezcló algunos químicos y nos mostró la diferencia entre un corazón limpio y un corazón pecaminoso. Hubo una aceleración en mi propio corazón de niño mientras me daba cuenta de que había pecado en mi vida.

Algunos pueden decir: "¿Cómo podría un niño tan pequeño tener conciencia espiritual?" No lo puedo explicar por completo, excepto decir que Jesús ama a todos los niños del mundo sin importar su color. Todos son preciosos para Él. Y Jesús sabe de qué forma comunicarse con sus hijos, incluso con los pequeños.

La iglesia me enseñó esto, y esa noche de hace tanto tiempo supe que Dios había tocado mi vida y que tenía una necesidad espiritual. Era demasiado tímido como para actuar en ese momento, pero inmediatamente después, un sábado por la noche en la Primera Iglesia de Chicago, caminé por el pasillo, me arrodillé en el altar y le pedí a Dios que me diera un corazón limpio.

La familia de la iglesia me rodeó en el altar y oró por mí. Algunos de ellos no me conocían muy bien, pero eso no importaba. Yo era un niño de la iglesia. Yo era su responsabilidad. Y cuando me fui del altar, recuerdo que sentí una cierta ligereza de espíritu. Mi conciencia estaba clara y mi corazón estaba limpio. Había experimentado, por cierto, un cambio radical.

Esa no fue la última vez que fui al altar, pero fue un primer paso bendecido que encendió un peregrinaje espiritual.

Los niños de la iglesia son los amados de Cristo. ¡Qué don es el ayudarlos a descubrir a Cristo a una edad temprana y ahorrarles las consecuencias del pecado a través de los años!

Francisco Javier dijo hace mucho: "Denme los niños hasta que tengan siete años. Cualquiera los puede tener después de esa edad. Si me los dan a mí y me permiten enseñarles durante los primeros siete años de sus vidas, jamás se alejarán de lo que les enseñé".

Todo esto acentúa la necesidad de seguir la dirección de Proverbios 22:6: "Instruye al niño en su camino, Y aun cuando fuere viejo no se apartará de él".

Esta es la razón por la cual nuestra iglesia ha dedicado toda una década a enfocarse en los niños y en los jóvenes. Todo está en juego en estos años. Debemos hacer más para fortalecer el ministerio de la iglesia en estos grupos en edades vitales.

Y ¡qué gran diferencia que la iglesia puede marcar! Hace un tiempo pensaba acerca del hecho de que nací el mismo año en que nació Saddam Hussein, el fallecido dictador iraquí. El mundo es muy conciente de la dirección que tomó su vida. La pregunta es, ¿por qué fue en la dirección en la que fue y por qué muchos de nosotros tomamos otro camino? ¿Qué es lo que marca la diferencia en nuestra vida? ¿Cómo él terminó de la forma en la que lo hizo y nosotros terminamos como siervos de Cristo?

La respuesta se encuentra en los acontecimientos de los primeros años de su vida. Saddam Hussein tuvo una niñez brutal. Su padre era abusivo y Saddam creció haciendo planes en un estilo de vida depravado. Como dictador, mató brutalmente a miles de su propio pueblo.

La repuesta es la iglesia. ¡Qué diferencia en nuestras vidas! Y todo se lo debemos a Cristo, a la iglesia y a los padres amorosos. ¡Qué combinación!

Me dedicaron al Señor cuando era un bebé y a lo largo de los años he estado rodeado de una iglesia amorosa. Ésta me enseñó que Jesús me ama, que *la Biblia* es verdad y que en *la Palabra de Dios* se puede confiar. Aprendí de qué forma determinar el destino eterno de la vida.

Lección dos: Cómo encontrar el propósito de la vida.

Cuando era adolescente, la iglesia me enseñó que Dios es un Dios que nos busca. Nos sigue con su bondad y misericordia todos los días de nuestra vida, y nunca es difícil encontrarlo.

En Génesis, *la Palabra* nos dice que Dios estaba afuera y buscaba a Adán y a Eva. Aún está ansioso de que nos encontremos con Él para que le podamos pedir que perdone nuestros pecados y nos haga parte de la familia de los redimidos.

Él nunca se rinde con nosotros, sin importar cuánto intentemos escondernos. En la iglesia aprendí que no tenía que encontrarlo, porque Él ya me había encontrado a mí y me pedía entrar a mi vida.

También aprendí que este Dios que nos llama a salvación también nos puede llamar al ministerio. Sabemos que a todos los discípulos se les da al menos un don para el ministerio, pero también sabemos que a algunos se los llama a una vida de ministerio profesional.

Cuando tenía 12 años, Dios comenzó a llamarme al

ministerio. Comencé a responderle de forma negativa. No quería hacerlo, pero sabía que Dios trataba con mi vida en una forma poderosa. Esa es la razón por la cual debemos estar cerca de nuestros jóvenes.

No sabemos qué temas importantes impactan la vida de los jóvenes en un momento dado. Muchos de ellos no se abren y no hablan acerca de sí mismos. Tenemos que acercarnos bastante a ellos para que confíen en nosotros lo suficiente como para compartir lo que sucede en sus vidas y poder ayudarlos.

Durante los años de la adolescencia, la iglesia me enseñó a oír al Señor para recibir guía para la vida. A pesar de que resistía su llamado al ministerio, continuó llamándome. Sabía que su propósito para mi vida era ser un ministro del evangelio de Jesucristo, a pesar de que luchaba con ello.

Lección tres: Cómo encontrar la fuente de poder de la vida.

Cuando era un adulto joven fui a la Universidad Nazarena de Olivet para prepararme para el ministerio y luego al seminario en la ciudad de Kansas City. Hice todo lo que sabía que tenía que hacer para prepararme.

En el seminario tuve una experiencia con el Artículo X de los Artículos de Fe de la iglesia, contenido en el *Manual*, el cual se enfoca en la enseñanza bíblica de la entera santificación, una de las doctrinas bíblicas esenciales. En caso de que no lo hayas leído por completo o no estés familiarizado con el mismo, permíteme compartirlo contigo ahora:

La Entera Santificación

Creemos que la entera santificación es aquel acto de Dios, subsecuente a la regeneración, por el cual los creyentes son hechos libres del pecado original, o depravación, y son llevados a un estado de entera devoción a Dios y a la santa obediencia de amor hecho perfecto.

Es efectuada por el bautismo con el Espíritu Santo y encierra en una sola experiencia la limpieza del corazón de pecado, y la presencia permanente del Espíritu Santo, dando al creyente el poder necesario para la vida y servicio.

La entera santificación es provista por la sangre de Jesús, es efectuada instantáneamente por fe, y es precedida por la entera consagración; y el Espíritu Santo da testimonio de esta obra y estado de gracia.

Esta experiencia se conoce también con varios nombres que representan sus diferentes fases, tales como "perfección cristiana", "amor perfecto", "pureza de corazón", "bautismo con el Espíritu Santo", "plenitud de la bendición" y "santidad cristiana".

Creemos que hay una distinción clara entre el corazón puro y el carácter maduro. El primero se obtiene instantáneamente como resultado de la entera santificación; el segundo es resultado del crecimiento en la gracia.

Creemos que la gracia de la entera santificación incluye el impulso para crecer en la gracia. Sin embargo, este impulso se debe cultivar concientemente, y se debe dar atención cuidadosa a los requisitos y procesos del desarrollo espiritual y mejoramiento de carácter y personalidad en semejanza a Cristo. Sin ese esfuerzo con tal propósito, el testimonio de uno puede debilitarse, y la gracia puede entorpecerse y finalmente perderse.

Le doy gracias a Dios por los años en el seminario, donde estábamos rodeados por hombres y mujeres brillantes que amaban al Señor y amaban a los que estábamos en preparación ministerial. Sus vidas poderosas y enseñanza eficaz marcaron una diferencia increíble.

Fue en esta atmósfera que llegué a sujetar mi lucha acerca del llamado al ministerio, que estaba en curso, y de su relación con mi entera santificación. Me enseñaron en el ministerio que el Artículo X es realmente la historia de Pentecostés, la historia de los primeros discípulos.

Cuando Jesús llamó a los discípulos, les pidió que dejaran todo y lo siguieran. ¿Puede alguien hacer algo más que eso, dejar todo y seguir a Jesús?

Estuvieron con Jesús durante los tres años de su ministerio público. Oyeron todo lo que les predicó y todo lo que les enseñó. Se volvieron tan eficaces por ellos mismos en el ministerio que Jesús les dio el poder para llevar a cabo los mismos tipos de milagros que Él había hecho.

Como una aprobación de sus vidas y de su ministerio, una noche, mientras Jesús oraba, le agradeció al Padre por los discípulos y dijo que no eran de este mundo. Me sentiría muy bien si Jesús dijera eso de mí.

Pero mientras eran muy, muy buenos, aún tenían un problema. En esos tres años que estuvieron con Jesús, leemos detalles íntimos acerca de ellos y descubrimos que, a nivel espiritual, eran inconstantes.

Tenían momentos en los que se encontraban arriba, pero otros en los que estaban abajo, se caracterizaban por temas tales como celos, búsqueda de poder y, lo peor de todo, un espíritu de traición y negación, todos inaceptables en la vida de un discípulo.

Esa es la razón por la cual les dijo que necesitaban la promesa del Padre. Buenos como eran, necesitaban algo más, y ese algo más era la promesa del Padre que garantizaba la venida del Espíritu Santo.

Como ves, el problema era que aún trataban con la naturaleza pecaminosa en sus vidas. La Biblia la llama naturaleza carnal, con la cual todos nacemos y nos causa tantos problemas hasta que tratamos con ella de forma decisiva.

En el Día de Pentecostés (véase Hechos 2), Dios el Espíritu Santo vino sobre los discípulos reunidos en el aposento alto y se ocupó de forma decisiva de esa naturaleza pecaminosa. ¿Cómo, entonces? Con la potencia de fuego del Espíritu Santo, la única entidad en el mundo lo suficientemente poderosa como para lidiar con la naturaleza del pecado.

Como resultado, ocurrieron dos cosas. Fueron limpiados y revestidos con poder.

En Hechos 15:9 Pedro dijo acerca del bautismo en el Espíritu Santo, "purificando por la fe sus corazones". Pero había más.

Fueron revestidos de poder, y se cumplió la promesa de Cristo cuando dijo en Hechos 1:8, "pero recibiréis poder, cuando haya venido sobre vosotros el Espíritu Santo".

Y en el Día de Pentecostés, todo sucedió, corazones puros y vidas revestidas con poder. La naturaleza pecaminosa purificada, y el poder continuo del Espíritu Santo para capacitar a los creyentes a vivir la vida de santidad.

Recibimos el poder para decirle no a la tentación. ¿Nos llamaría Dios a una vida de santidad, lo cual ha hecho, y no nos daría el poder para resistir la tentación?

También nos da el poder para ganar el mundo. Sólo mira la diferencia cuando esto sucedió en la vida de los discípulos.

Después de Pentecostés, no hubo más el patrón de altibajos que se evidenciaba anteriormente. Aunque aún eran humanos y cometieron errores y aunque tenían mucho para hacer con respecto al crecimiento espiritual, la trayectoria de su vida fue ascendiendo.

No hubo más negación ni más traición. Deseaban entregar su vida a Cristo.

La Palabra de Dios nos dice que la voluntad de Dios para todos nosotros es nuestra santificación. Esta es la respuesta al cristianismo tentativo, que intenta arreglárselas. Esta es la respuesta a la inestabilidad espiritual.

¿Les sucede lo mismo a todos? No. ¿Hay un proceso antes de que seamos santificados? Por supuesto que lo hay. Y después hay un proceso que continúa hasta que morimos. Es un proceso que continúa para moldearnos a la semejanza de Cristo, el objetivo de todo creyente auténtico. Es la vida del amor trascendente.

Pero en este proceso hay un momento cuando rendimos el pasado, presente y futuro, una consagración absoluta de nuestro ser a Cristo. Y hay un momento en el cual somos bautizados con el Espíritu Santo, así como sucedió con los discípulos en Hechos 2.

Así es como me sucedió a mí. Estaba en el seminario preparándome para el ministerio, pero luchaba con el llamado a predicar. Simplemente no quería hacerlo.

Un día, estaba tan cansado de la lucha que me puse de rodillas en nuestro pequeño departamento y le dije a Dios que teníamos que resolver este problema, que no podía seguir teniendo este conflicto en mi vida.

Dios con fidelidad marcó en mí que el problema era el de temor, que tenía un miedo terrible al fracaso y que pensaba que, con seguridad, fracasaría como predicador.

Me marcó con el hecho de que había llegado el momento

en el que tendría que lidiar con la habitación oculta que tenía en mi vida donde había guardado bajo llave los secretos que no compartía con nadie, secretos tales como mi terrible temor al fracaso.

Era el momento de dejar ir los secretos y permitir que el Espíritu Santo tuviera acceso a cada habitación de mi vida. Era un tema de confianza. Tenía que tener la voluntad de confiar en Dios por completo en vez de confiar en mí mismo.

Abrí la habitación escondida, permití que salieran los secretos, los confesé e invité al Espíritu Santo para que limpiara cada espacio de mi vida.

No quería que Dios fuera sólo un huésped. Quería que fuera *presidente*, a cargo total de mi vida. En ese proceso, recibí el bautismo del Espíritu Santo. Dios me santificó de pies a cabeza, y la vida nunca fue la misma. Mi terrible temor al fracaso me dejó. Dejé de confiar por completo en mí mismo y comencé a confiar por completo en Dios.

Cuando me rendí por entero a Dios, el éxito o el fracaso en mi vida estaban en sus manos. Cualquier cosa que Él quería era lo que yo quería. Si Él quería que yo fracasara, estaba listo para fracasar. Si Él quería que yo ganara, yo estaba listo para ganar.

Nunca me he arrepentido del día en el que fui santificado y nunca me he arrepentido del día en que acepté el llamado a predicar.

No puedo pensar en una mejor forma de vivir que no sea proclamar las riquezas insondables de Jesucristo. Gracias a Dios por una iglesia que me enseñó esta verdad bíblica. Gracias a Dios por una iglesia que me enseñó la forma de descubrir el propósito de Dios para mi vida.

Lección cuatro: Cómo estar conectado.

Con el correr de los años, la iglesia también me ha enseñado que el Dios que estaba afuera *buscándome* a mí, también *está prestándome* atención.

Cuando *la Palabra* dice que Dios nunca nos dejará o nos abandonará, ¿creemos eso en nuestra vida, incluso en los momentos más difíciles? Cuando *la Palabra* nos dice que Él tiene un conocimiento tan íntimo de nosotros que sabe la cantidad de cabellos que hay en nuestra cabeza, ¿creemos eso? ¿Creemos en la Biblia, que nos dice que ni siquiera un gorrión se cae sin que nuestro Padre Celestial lo sepa?

Cuando oras, ¿alguna vez te preguntas si alguien está realmente allí afuera escuchando y si hay alguien, si puede hacer algo para ayudarnos aquí abajo?

La iglesia nos ha enseñado que todas las promesas de Dios son verdad. Podemos estar conectados, unidos con estas verdades, incluso cuando la vida se vuelve difícil.

Hace muchos años tuve una experiencia que me ayudó a aprender esta lección. Había decidido tener un auto diferente, ya que el que tenía se había vuelto poco confiable y yo no hago las reparaciones de mi propio vehículo.

El auto que compré no era nuevo, pero casi. De forma rutinaria ponemos una cantidad de kilómetros en el vehículo cada año y no quería que se rompiera alguna noche en un lugar apartado.

El auto nuevo parecía estar bien hasta una noche en que viajábamos a través de las montañas de Colorado. En un lugar apartado, en la noche, la luz de "revisar motor" en el tablero de repente se encendió. Eso era lo último que quería ver. De hecho, eso era lo que había temido que ocurriría con el auto viejo. Nunca había tenido un verdadero problema con él. Pero ahora, el auto nuevo se estaba averiando.

Le dije a mi esposa, Connie: "¿Qué vamos a hacer ahora?"

En esos momentos llegamos al pueblito de Frisco, Colorado. Me paré al costado del camino en una estación de servicio. Liberé con rapidez el capó, me bajé del auto, levanté el capó e intenté hacer ver que sabía mucho acerca del tema.

No tenía sentido alguno pedirle ayuda a la mujer que atendía en la estación, porque estaba sentada en una casilla a prueba de balas y no iba a salir de allí por nada que no fuera un terremoto severo.

Revisé el líquido del radiador y el líquido limpiavidrios. Eso, agotó mi rango de conocimiento del motor. Todo lucía muy bien. Pero la luz de "revisar motor" en el tablero seguía encendida.

Luego recordé que cuando hojeaba el manual de instrucciones del auto, me pareció ver algo acerca de llamar a OnStar si alguna vez se encendía la luz de "revisar motor".

OnStar es un sistema de teléfono celular conectado a un satélite que sigue el movimiento de los vehículos conectados al sistema. No podía imaginarme de qué forma eso podría ayudar, pero estaba listo para intentar cualquier cosa.

Esto sucedió hace aproximadamente cuatro años. Conocía acerca de los satélites de posicionamiento global, pero no sabía tanto de ellos como ahora. Sabía que podían usarse para ayudar a encontrar el camino de un lugar a otro, pero no sabía que pudieran tener efecto alguno sobre un problema en el motor.

El programa de OnStar se construye en el auto y proporciona información a través de un sistema satelital. El programa se activa al apretar un pequeño botón azul en el espejo retrovisor. Lo apreté.

El audio del sistema OnStar viene a través del estéreo del auto. De repente, oí el sonido de campanillas que llenaban el auto, seguidos de una voz agradable que sonaba como si la persona estuviera en el auto con nosotros.

Dijo: "Bienvenido a OnStar, señor Cunningham. ¿De qué forma lo podemos ayudar esta noche? Veo que está estacionado cerca del Hospedaje Big Bear, en Frisco, Colorado".

Estaba un poco impactado, por decir algo. Pero me las arreglé para responder y decir que la luz del motor estaba encendida.

Ella respondió: "Sí, señor Cunningham. Podemos ayudarlo. Si sólo me da un par de minutos, realizaré una revisión completa del motor y volveré enseguida a usted".

Respondí débilmente: "Está bien".

Fiel a su palabra, en un período muy corto estaba de regreso y dijo: "Bien, señor Cunningham, me agrada informarle que no hemos encontrado problema alguno en el motor. Es libre de completar el viaje esta noche. Quizá tenga un sensor defectuoso, y querrá que se lo reemplacen cuando sea conveniente. ¿Hay algo más que pueda hacer por usted esta noche?"

"No".

"Bueno", me dijo, "gracias por llamar a OnStar. Recuerde, estamos aquí para ayudarlo 24 horas al día, los siete días de la semana. Nunca dude en llamarnos".

Respondí: "Gracias" y reiniciamos el viaje.

Mientras viajábamos, le dije a Connie: "¿Qué fue eso? Saben nuestro nombre. Saben dónde estamos. Y saben cómo ayudarnos. No los podemos ver, pero nos pueden ver a nosotros. Sólo tenemos que creer que están allí afuera".

Realmente, no es tan difícil creer que si un simple

hombre o mujer puede crear un sistema que rastrea miles y miles de clientes a la vez, el Dios que creó a las personas lo suficientemente inteligentes como para desarrollar tal sistema es capaz de seguirnos el rastro a ti y a mí, saber nuestros nombres, saber dónde estamos incluso en la noche más oscura y saber con exactitud lo que necesitamos.

Dios no es OnStar. La Biblia lo llama la *Estrella de la mañana*. Y Él mira hacia abajo, en este mismo instante, nos mira a nosotros deseoso de cubrir nuestras necesidades.

A lo largo de los 100 años de historia de la Iglesia del Nazareno, ha sido un tema común en las reuniones el llamado al altar, dándoles a las personas la oportunidad de acercarse a Dios en respuesta al mensaje.

Quizá, mientras has leído mi historia te has impactado con la búsqueda de perdón, o deseas que Dios te de un corazón limpio. Quizá el Espíritu Santo te ha invitado a santificarte y a recibir el bautismo del Espíritu Santo. Quizá Dios te haya favorecido de forma muy buena con un llamado al ministerio y quieres responder. O quizá necesitas hablar con la *Estrella de la mañana*.

¿Hay alguna necesidad en tu vida presionándote ahora? El diablo te ha dicho que la oración no va a marcar una diferencia y que no hay alguien a quien le importe, que a Dios no le importa.

He escrito esto para recordarte que el Señor te ha localizado y que está deseoso por ayudarte. Te invito a que respondas al amor lleno de gracia de Dios y le permitas al Cristo de la iglesia que te dé un encuentro que cambie tu vida.

3
BAUTISMO CON EL ESPÍRITU SANTO Y FUEGO

Jerry D. Porter

Texto: Mateo 3:1-17

Viajemos al río Jordán para investigar al curioso profeta Juan el Bautista. Viste ropa rústica y come una dieta baja en carbohidratos y alta en proteínas. Encontremos un lugar cómodo a orillas del Jordán para oír a este dinámico mensajero de Dios de 30 años:

> En aquellos días vino Juan el Bautista predicando en el desierto de Judea, y diciendo: Arrepentíos, porque el reino de los cielos se ha acercado. Pues éste es aquel de quien habló el profeta Isaías, cuando dijo: Voz del que clama en el desierto: Preparad el camino del Señor, Enderezad sus sendas. Y Juan estaba vestido de pelo de camello, y tenía un cinto de cuero alrededor de sus lomos; y su comida era langostas y miel silvestre. Y salía a él Jerusalén, y toda Judea, y toda la provincia de alrededor del Jordán, y eran bautizados por él en el Jordán, confesando sus pecados. Al ver él que muchos de los fariseos y de los saduceos venían a su bautismo, les decía: ¡Generación de víboras!

BAUTISMO CON EL ESPÍRITU SANTO Y FUEGO

¿Quién os enseñó a huir de la ira venidera? Haced, pues, frutos dignos de arrepentimiento, y no penséis decir dentro de vosotros mismos: A Abraham tenemos por padre; porque yo os digo que Dios puede levantar hijos a Abraham aun de estas piedras.

Y ya también el hacha está puesta a la raíz de los árboles; por tanto, todo árbol que no da buen fruto es cortado y echado en el fuego. Yo a la verdad os bautizo en agua para arrepentimiento; pero el que viene tras mí, cuyo calzado yo no soy digno de llevar, es más poderoso que yo; él os bautizará en Espíritu Santo y fuego. Su aventador está en su mano, y limpiará su era; y recogerá su trigo en el granero, y quemará la paja en fuego que nunca se apagará. Entonces Jesús vino de Galilea a Juan al Jordán, para ser bautizado por él. Mas Juan se le oponía, diciendo: Yo necesito ser bautizado por ti, ¿y tú vienes a mí? Pero Jesús le respondió: Deja ahora, porque así conviene que cumplamos toda justicia. Entonces le dejó. Y Jesús, después que fue bautizado, subió luego del agua; y he aquí los cielos le fueron abiertos, y vio al Espíritu de Dios que descendía como paloma, y venía sobre él. Y hubo una voz de los cielos, que decía: Este es mi Hijo amado, en quien tengo complacencia.

(Mateo 3:1-17)

¿Qué es el bautismo de agua? Es un sacramento, un medio de gracia, un testimonio público. La gracia se imparte en nuestra vida cuando damos testimonio de nuestra fe en Jesucristo. El bautismo de agua no debería llevarse a cabo en un lugar escondido con sólo un puñado de santos que observen. El bautismo debería hacerse en lugares públicos donde todos puedan ver quién se bautiza, ¡quizá dando a conocer la lista de los recién bautizados en el noticiero de la noche!

En Arizona, una joven vino a Jesús, ella era mesera en una taberna y le dijo a su pastor, de la Iglesia del Nazareno, que ahora , debía encontrar un nuevo trabajo. El pastor le respondió que no renunciara sino hasta después de dos semanas.

En una imprenta de la zona se imprimieron invitaciones elegantes para su bautismo cristiano y entregó cientos de estas a familiares, amigos y clientes. Más de cien personas vinieron a ser testigos de su paso de obediencia. Frente a esa gente reunida ella compartió un testimonio hermoso de la gracia de Dios que trabaja en su vida y el pastor predicó un sencillo mensaje del evangelio. El altar estaba cubierto con personas que abrazaban la fe en Jesús. El bautismo es un sacramento, un medio de gracia, que permite que un creyente nuevo dé testimonio público de su nueva vida en Cristo.

En Mateo 3, Juan el Bautista da tres condiciones para el bautismo en agua: Arrepentimiento (v.2), confesión de pecados (v.6) y hacer frutos dignos de arrepentimiento (v.8).

Juan gritó: "Arrepentíos, porque el reino de los cielos se ha acercado" (v.2). La definición más simple de arrepentimiento es dar una media vuelta. Antes del arrepentimiento caminábamos en pecado y oscuridad lejos del Señor. Debido a la gracia anticipada de Dios vimos la luz y nos volvimos a seguir a Cristo.

Un hombre dio testimonio: "Cuando me convertí en cristiano, di un giro de 360°". Bueno, ¡eso es demasiado entusiasta! Eso significaría que estaba caminando en oscuridad y luego ¡hizo un giro de 360° y se mantuvo en la misma dirección, en la dirección original! Su corazón estaba en lo correcto, pero su matemática estaba equivocada. Lo que quiso decir fue: "Cuando vine a Jesús, hice un giro de 180°". Nos damos cuenta de que vamos en la dirección incorrecta, convirtiéndonos en la persona que nunca quisimos ser. Arrepentirse es dar *media vuelta*, ¡lejos de una vida de pecado!

Las personas venían al Jordán y confesaban los pecados. "Si confesamos nuestros pecados, él es fiel y justo para perdonar nuestros pecados, y limpiarnos de toda maldad" (1 Juan 1:9). La clave es confesar *nuestros* pecados. No hay gracia alguna para nosotros si confesamos lo que está mal en otra persona. Se requiere una habilidad mínima para determinar lo que está mal en aquellos que nos rodean. Por otro lado, se requiere un corazón humilde y valiente para no defender, justificar o cubrir nuestro propio pecado. La gracia salvadora de Dios fluye en nuestro corazón humilde y contrito cuando nos arrepentimos y tomamos la responsabilidad completa por el pecado. Bajo el ministerio de Juan el Bautista, personas sin distinción alguna se arrepintieron, confesaron sus pecados y se bautizaron.

Juan también deseaba que los discípulos llevaran fruto digno de arrepentimiento. Los judíos se asombraban cuando este profeta advenedizo bautizaba hijos e hijas de Abraham. El bautismo en agua era parte del ritual usado para recibir gentiles en la fe de los judíos como personas que temían a Dios. Juan, no obstante, ¡bautizaba judíos como si fueran gentiles!

Mientras pregonaban su linaje judío y se quejaban del insulto escandaloso a su raza y nacionalidad, Juan les informaba que ¡Dios podía levantar hijos de Abraham de las piedras que estaban cerca! "No me impresiona el hecho de que tu abuelo fuera un gran predicador de santidad. ¡Sólo quiero saber si *tú* te has arrepentido y confesado tus pecados!"

¿Has tomado una responsabilidad personal por el pecado y vives una vida digna de arrepentimiento? Quería más que un servicio de labios para el reino de Dios. Quería transformación de corazón y de vida para que fueran el testimonio verdadero y la evidencia de una vida nueva. Los ministros alrededor del mundo aún en la actualidad usan estas mismas condiciones para el bautismo en agua: Arrepentimiento, confesión de pecados y una vida digna del arrepentimiento que profesamos.

Juan profetizó acerca del ministerio de su primo, Jesús:

Yo a la verdad os bautizo en agua para arrepentimiento; pero el que viene tras mí, cuyo calzado yo no soy digno de llevar, es más poderoso que yo; él os bautizará en Espíritu Santo y fuego.

(Mateo 3:11)

Conoces acerca de Juan el Bautista. ¿Conoces acerca de Jesús el Bautista? Juan bautizaba en agua para arrepentimiento. Jesús quiere bautizarnos con el Espíritu Santo y con fuego. Juan dijo que él era tan pequeño comparado con el otro que venía a bautizar que no era digno siquiera de tener el privilegio de atar sus sandalias. En las casas judías el sirviente con el menor rango tenía esta tarea humillante. Cuando venían visitas, el sirviente dejaba lo que estuviera haciendo, corría a la puerta y desataba las sandalias y lavaba los pies de la persona. Si la familia era demasiado pobre como para tener un siervo, entonces el hijo menor, que era capaz físicamente, corría a toda prisa hasta la puerta para lavar los pies. ¿Es por esta razón que las familias judías eran tan numerosas? El hijo menor debe haber orado para que mamá tuviera otro bebé para que alguien más pudiera disfrutar esta tarea.

Juan el Bautista predicó que otro que bautizaba venía con un rastrillo en su mano. Este era un instrumento usado para trillar. Cuando vivimos en Guatemala como misioneros, al costado de la ruta veíamos enormes pilas de trigo cosechado. Mientras viajábamos, observábamos a los granjeros trillando, abriéndose paso entre los granos de trigo. Un paso es cosechar, pero el proceso subsiguiente es trillar.

El cosechar bien podría ser un evangelismo de ganar uno a uno mientras la gente abraza la fe salvadora de Cristo. Celebramos las noticias maravillosas de multitudes que han nacido en el Reino. ¡Celebramos la cosecha maravillosa! Pero Jesús viene ahora con un rastrillo de trillar para separar el trigo de la paja. Era fascinante observar a los granjeros guatemaltecos lanzar al aire el trigo roto para que el viento soplara la paja con el objetivo de que el grano precioso se pudiera juntar. Juan dijo que la paja se arroja al fuego, al fuego inextinguible.

¿Qué es lo que quiere decir que Jesús nos bautizará en fuego? Este es el fuego del Espíritu Santo bendito de Dios que purifica los corazones por medio de la fe. El fuego de Dios nos limpia de toda actitud y espíritu anticristiano en nuestra vida, de todo aspecto de rebelión contra Dios, de todo pecado que esté en oposición a Dios. La paja de nuestra vida se limpia con el bautismo de fuego. Pablo escribe:

> Y manifiestas son las obras de la carne, que son: adulterio, fornicación, inmundicia, lascivia, idolatría, hechicerías, enemistades, pleitos, celos, iras, contiendas,

disensiones, herejías, envidias, homicidios, borracheras, orgías, y cosas semejantes a estas...
(Gálatas 5:19-21)

Juan el Bautista profetizó que Jesús nos bautizaría en fuego. Este se cumplió en Pentecostés con las lenguas de fuego sobre cada creyente. El fuego visible no se volvió a ver en la Escritura asociado con creyentes que eran llenos con el Espíritu Santo. En la actualidad, por supuesto, no oramos por una persona hasta que vemos fuego en la frente como evidencia de que la persona ha sido llena con el Espíritu Santo. Oraremos, no obstante, con la persona hasta que tenga el testimonio del Espíritu de que su corazón ha sido purificado por fe.

Jesús dio su vida en la cruz para librarnos del poder del pecado. No somos esclavos de la naturaleza pecaminosa, sino que ¡por la gracia de Dios podemos tener victoria en Jesús!

Este fuego purificador es inagotable. Continúa ardiendo. Cuando Jesús nos bautiza en fuego, los corazones se llenan con el amor perfecto de Dios. El enemigo de nuestra alma, sin embargo, nos tentará para que permitamos que surja una raíz de amargura, obstinación, envidia o celos en el corazón santificado. Cuando descubrimos cualquier cosa que no agrada a Dios en nuestra vida, con humildad pedimos por fuego nuevo que purifique y nos continúe purificando. Cuando somos santificados, el corazón es purificado del orgullo. ¡Pero el mismo orgullo que pateamos en la puerta de entrada vuelve por la ventana del costado cuando comenzamos a vernos como superiores a otros porque oramos más, damos más o adoramos mejor!

BAUTISMO CON EL ESPÍRITU SANTO Y FUEGO

Ciento veinte creyentes fueron llenos con el Espíritu Santo en el día de Pentecostés. Unos días después, otra vez estaban todos llenos con el Espíritu. "Cuando hubieron orado, el lugar en que estaban congregados tembló; y todos fueron llenos del Espíritu Santo, y hablaban con denuedo la Palabra de Dios" (Hechos 4:31). Necesitamos un fuego nuevo e inextinguible que *continuamente* nos limpie y transforme para siempre a la semejanza de Jesús.

Algunas personas hablan acerca de la santidad como el destino. ¿Hemos llegado al objetivo final cuando somos santificados? La entera santificación es más parecida a una rampa de acceso que nos empuja a la autopista de la santidad. Nadie niega que la rampa de acceso es una experiencia de crisis, cuando aceleramos, miramos por sobre el hombro y nos abalanzamos en la autopista. No vivimos nuestra vida, sin embargo, esperando algún día llegar a la rampa de acceso. Queremos llegar a la autopista de la santidad e ir detrás del corazón de Dios siempre. Por la gracia de Dios hay un momento en el que nos rendimos y somos llenos con el Espíritu Santo. Nuestro corazón purificado y santificado vive ahora en continua entrega mientras somos santificados y continuamos siendo santificados.

¿La santificación es instantánea o es un proceso de crecimiento y de maduración que dura toda la vida? La respuesta es *sí*. Cuando estudias teología, descubres que muchas de las grandes doctrinas teológicas en la actualidad son dos verdades en constante tensión. ¿Dios es soberano o la humanidad es responsable y libre? La respuesta teológica apropiada es *sí*. ¿Dios es tres o Dios es uno? *Sí*. ¿Es Jesucristo completamente hombre o completamente humano? *Sí*. Esa es una teología correcta ¿La entera santificación es un momento de Dios de purificación divina y gracia fortalecedora, o es una entrega, limpieza y crecimiento continuo y de por vida en la gracia? *Sí*. Experimentamos el fuego santo y santificador de Dios y al mismo tiempo vivimos cada día en una búsqueda acalorada de Dios y de la santidad. Por lo tanto, ¡soy santificado y estoy siendo santificado! Tengo mucho para madurar aún si quiero llegar a ser para siempre como Cristo.

Juan el Bautista nos enseñó que Jesús nos bautizaría con fuego y con el Espíritu Santo. Este bautismo es más que limpieza. Estamos llenos con el mismo Espíritu de Jesús. ¿Cómo es el Espíritu Santo? Mira el rostro de Jesús y sabrás las características del Espíritu Santo. ¿Cómo es Dios el Padre? Mira el rostro de Jesús y sabrás el carácter del Padre. En Jesús tenemos la revelación total y completa de la divinidad. Cuando soy bautizado con el Espíritu Santo, mi vida se transforma para reflejar el carácter de Jesús.

¿Cuál es la manifestación de que estamos llenos del Espíritu? El Espíritu se evidencia en nosotros cuando el corazón está lleno con el amor perfecto. Estar lleno del Espíritu es manifestar los frutos de éste: "Amor, gozo, paz, paciencia, benignidad, bondad, fe, mansedumbre, templanza..." (Gálatas 5:22-23)

Jesús nos bautiza con fuego y con el Espíritu Santo. El fuego santo limpia los corazones de todo pecado y el Espíritu Santo toma posesión completa de nuestras vidas. Jesús les dijo a los discípulos:

> ...yo rogaré al Padre, y os dará otro Consolador, para que esté con vosotros para siempre: el Espíritu de verdad, al cual el mundo no puede recibir, porque no le ve, ni le

conoce; pero vosotros le conocéis, porque mora con vosotros, *y estará en vosotros.*

(Juan 14:16-17, *énfasis añanido*)

Esta se vuelve nuestra oración: *Señor, anhelo que estés en mí. Quiero convertirme en el tabernáculo de Jesús. Deseo convertirme en el templo del Espíritu Santo.*

El pequeño Juancito siempre se portaba mal, tiraba el cabello y se metía en problemas. Debido a su conducta, con frecuencia perdía los privilegios del recreo. Muchas veces al día sus compañeros corrían a la zona de recreación mientras que Juancito estaba condenado a permanecer en el aula. Un día estaba desesperado y triste mientras observaba a sus amigos jugar afuera. Caminó hacia la maestra y le dijo:

—Señorita Jones, usted es tan linda, amable y paciente. ¿Me haría un favor, por favor?

—Bueno, Juancito, lo intentaré.

—¿Podría hacerse pequeñita y entrar en mí, para que pueda ser lindo como usted?

Eso es similar a la oración de un cristiano genuino. Todo cristiano mira el rostro del Dios Todopoderoso y dice, en efecto, *¿Padre amado, podrías hacerte pequeñito? ¿Podrías hacerte tan pequeño que pudieras tener tu tabernáculo en mi vida? ¿Podrías, literalmente, llenarme con tu ser para que me pueda convertir en el templo del Espíritu Santo? Jesús, por favor, lléname contigo para que pueda ser más como tú.*

Jesús quiere bautizarnos a cada uno de nosotros con fuego santo y purificador. Él también desea bautizarnos y llenar nuestro corazón y nuestra vida con su Espíritu Santo.

Un día Jesús fue al Jordán y se puso en la fila con los pecadores. Uno a uno fueron bautizados. De repente, Juan levantó la vista y vio a Jesús, el Cordero de Dios, esperando de forma humilde para que lo bautizara. Juan dijo: "¡No, no te puedo bautizar!" Juan se puso en la fila con nosotros, los pecadores, y de forma amable empujó a Jesús hacia adelante y dijo: "Tú debes bautizarme".

Jesús, en silencio regresó a nuestra fila e insistió: "Juan, es correcto y adecuado que tú me bautices". No creo que Juan fuera por naturaleza obediente o dócil. Yo visualizo un pequeño y divertido juego de ida y vuelta entre los primos. Juan quería el bautismo de Jesús y Jesús quería el bautismo de Juan.

Entonces, ¿qué bautismo necesitamos en la iglesia en la actualidad? ¿Qué bautismo es más importante, el bautismo de agua o el de fuego? *Sí*.

Necesitamos el bautismo de agua. Jesús ordenó:

> Por tanto, id, y haced discípulos a todas las naciones, *bautizándolos* en el nombre del Padre, y del Hijo, y del Espíritu Santo; enseñándoles que guarden todas las cosas que os he mandado; y he aquí yo estoy con vosotros todos los días, hasta el fin del mundo.
> (Mateo 28:19-20 *énfasis añanido*)

El bautismo en agua es un sacramento, un medio para obtener la gracia y un testimonio público de la nueva vida en Cristo.

Pero si el bautismo en agua es importante, ¿es menos importante el bautismo del Señor? Algunas denominaciones enfatizan el bautismo en agua pero rara vez enseñan acerca del bautismo en fuego, mientras que otros minimizan el bautismo en agua y se enfocan en el bautismo de fuego del Espíritu Santo. La iglesia necesita ambos.

Si eres creyente y aún no te has bautizado en agua, por favor, habla con un ministro y pídele participar en el bendecido privilegio de este sacramento.

Para aquellos que nos hemos bautizado cuando adultos, ¿cuáles son los recuerdos? ¿Recordamos el ministro, la temperatura del agua?

De la experiencia como misioneros, tenemos algunos recuerdos de bautismos graciosos. Recordamos a una mujer dulce que estaba siendo bautizada cuando la corriente del río era tan fuerte que se deslizó de las manos del pastor y fue llevada por la corriente. Nadó de regreso para finalizar el bautismo.

Otra vez, un pastor me preguntó si podía usar mi camioneta para transportar a las personas al río. En la clase de práctica del ministerio le habían enseñado a bautizar, pero no tenía idea de cómo lo haría en el río profundo donde estaba planeado. No había problema para él. Se sostuvo de una rama que se extendía sobre el agua y se deslizó en el río, hundiendo los dedos de los pies en el banco de lodo debajo del agua. Después, con la mano que tenía libre llamó al primer candidato. Un alma valiente se ofreció. Mientras el candidato se encontraba en la orilla, el pastor dijo: "En el nombre del Padre, y del Hijo y del Espíritu Santo..." y con un movimiento rápido el pastor atrajo al candidato, quien después desapareció debajo del agua. Con rapidez rescatamos al que perecía, y después llamó al siguiente candidato.

¿Cuáles son tus recuerdos de este sacramento? ¿Tienes una gratitud especial en tu corazón para con quien te bautizó? ¿No le das gracias a Dios por el recuerdo de ese ministro?

Jesús ha venido y es mucho más agradecido que el que nos bautizó. Tiene un rastrillo de trillar en la mano y quiere santificar la iglesia. Jesús ha venido a trillar el trigo y a santificar nuestra vida y la iglesia. Está cansado de cristianos cuyos corazones están llenos de celos, orgullo, envidias, divisiones y amargura. Quiere santificar a su iglesia y tiene todo el derecho de hacerlo, ¡Él compró a la iglesia con su propia sangre!

Jesús anhela cumplir la profecía de Juan el Bautista en nuestra vida hoy, bautizándonos con fuego para limpiarnos de cualquier espíritu y actitud anticristiana y bautizándonos con el Espíritu Santo, para llenar los corazones con amor perfecto y garantizar el verdadero carácter de Jesús. Entonces, ¿qué podemos hacer? Es obvio.

Es tiempo de que digamos con sencillez: "Señor, mientras bautizas a otros, ¡bautízame a mí también! Me pongo en fila con los creyentes a lo largo de las épocas y alrededor del mundo. Soy un creyente más pidiéndote: ¡Señor, bautízame con tu fuego y con tu Espíritu Santo!"

Quizá leas este mensaje y puedas dar testimonio de un tiempo y lugar glorioso cuando Jesús te bautizó. Hoy quizá quieras ponerte otra vez en la fila. Quizá necesites un viento fresco y un fuego nuevo en tu vida todos los días.

Todos los creyentes debemos ir con prisa a Jesús y orar: *Señor, dame una porción nueva de tu fuego santo y quema cualquier paja que haya en mi vida. Llena mi corazón y mi vida nuevamente con la plenitud bendita de tu Espíritu para hacerme como tú. En el precioso nombre de Jesús oro. ¡Amén!*

4
IRREPROCHABLE EN SU VENIDA
Jesse C. Middendorf

Texto: 1 Tesalonicenses 5:12-28

La carta que el apóstol Pablo escribió a los tesalonicenses es una comunicación admirable. La escribió en respuesta al informe que acababa de recibir de parte de Timoteo, su compañero en el ministerio. Pablo, Timoteo y Silas fueron excepcionalmente eficaces en llevar el mensaje del cristianismo a Tesalónica. La respuesta de las personas de esa colonia romana fue impresionante.

Pocos capítulos son más apreciados por los cristianos en la tradición de santidad metodista que el quinto capítulo de 1 Tesalonicenses. A lo largo de la carta, Pablo y sus colegas les dan a los amigos de Tesalónica una convicción repetida del objetivo hacia el cual Dios los guía. Obvia es la clara expectativa del regreso del Señor Jesús. Uno de los propósitos de esa comunicación con los tesalonicenses es asegurarles la certeza del regreso de Cristo y aliviarlos de la preocupación con respecto al destino de los creyentes que habían muerto antes de experimentar ese regreso.

También se vuelve claro, en una lectura cuidadosa de la

carta, que Pablo cree que Dios tiene otro objetivo importante para aquellos quienes por medio de la fe y del arrepentimiento se vuelven seguidores de Jesús. Ese objetivo, esa meta expresada varias veces a lo largo de la carta, encuentra la culminación en el capítulo final. Es aquí donde Pablo describe una profundidad y calidad de vida espiritual que podría haber parecido más que imposible debido a las presiones bajo las cuales los tesalonicenses estaban forzados a vivir. De acuerdo con Pablo, enfrentaron la persecución por parte de los propios compatriotas, similar a aquella sufrida por los creyentes en Judea (1 Tesalonicenses 1:6; 2:14).

La exhortación de Pablo a ellos de "Estad siempre gozosos. Orad sin cesar. Dad gracias en todo" (vv.16-18), es seguida de una oración ferviente de que Dios cumplirá en ellos una obra de tal profundidad que sólo puede describirse con superlativos.

Esta no es la primera vez que Pablo invita a sus amigos a una relación más profunda y más completa unos con otros y con Dios. En cada capítulo de esta carta, se hace referencia al hecho de que Dios, quien ha hecho algo profundo en, para y a través de ellos (1 Tesalonicenses 1:4,9-10) desea hacer aún más. Dios tiene un objetivo hacia el cual llama a su pueblo.

Ellos, por supuesto, anticipan el regreso de Cristo. Pero se hace claro en este capítulo final que el objetivo mayor para los creyentes es una santificación completa. Esta es la condición por la cual ora Pablo que se encuentren cuando suceda el tan anticipado regreso de Cristo.

La ocasión de esta carta era la reciente llegada de Timoteo, el colega en el ministerio de Pablo, quien acababa de regresar de su visita a Tesalónica. Pablo estaba muy animado debido al informe de Timoteo y estaba ansioso por responder a las noticias que había recibido acerca de los nuevos creyentes en Tesalónica.

Llegaron allí después de una visita peligrosa y penosa a Filipos, donde Pablo y Silas fueron encarcelados y golpeados. Los líderes de las sinagogas judías del lugar se les habían opuesto de forma cruel cuando hablaron de manera poderosa acerca de Jesús. Sin embargo, la predicación y la enseñanza de Pablo y Silas habían sido convincentes para muchos ya que discutieron las profecías del Antiguo Testamento que se cumplieron durante la vida, muerte y resurrección de Jesús de Nazaret.

Filipos era una ciudad de Macedonia, una región bajo el dominio de Roma. Allí, como en muchos otros lugares que se encontraban bajo su control, el extenso Imperio Romano con frecuencia enfrentaba la amenaza de disturbio y rebelión. Como resultado, cualquier mención acerca de un liderazgo con el cual pudieran competir o cualquier pregunta concerniente a la salud del César eran recibidas con una represión inmediata. De acuerdo con los historiadores contemporáneos, el César había emitido un decreto en el cual amenazaba a cualquier ciudad que tolerara especulación acerca de rivales potenciales para él. Esos fueron parte de los cargos usados por los filipenses quienes acusaron a Pablo y a Silas de enseñar costumbres contrarias a la ley de los romanos. Para ellos, hablar acerca del Cristo resucitado era percibido como presentar a un nuevo "señor", uno, cuyo mismo ser, amenazaba la seguridad de la ciudad de Filipos.

Pablo y Silas fueron arrestados, golpeados y puestos en una cárcel en Filipos. Cuando el magistrado ordenó su liberación de la prisión, los oficiales descubrieron que eran ciudadanos romanos. Los oficiales de la ciudad, de repente, se enfrentaron con el hecho de que habían golpeado y puesto en prisión, de forma ilegal, a estos dos hombres y se vieron forzados a ir a la cárcel donde estaban Pablo y Silas, y escoltarlos de forma personal hasta un lugar seguro. Impulsaron a Pablo y a Silas para que dejaran Filipos, tanto por su propia seguridad como por la de la ciudad. Finalmente, se fueron y emprendieron el viaje a Tesalónica.

Tesalónica era otra ciudad macedonia bajo el dominio del gobierno romano. Una vez allí, Pablo y Silas localizaron una sinagoga judía y encontraron una audiencia lista. Muchas de las personas fueron sensibles al mensaje de Pablo y pronto un cuerpo de creyentes se reunió alrededor del evangelio.

Esos creyentes nuevos estaban increíblemente comprometidos. Oían el mensaje de Pablo, se comprometían con Cristo y atraían a muchos otros compañeros. La medida del éxito de esta misión es clara cuando lees Hechos 7. Muchos griegos devotos y mujeres líderes de la ciudad se les unieron. Estos seguidores de Cristo crecieron en el ministerio de Pablo y se volvieron fervientes discípulos de Jesús.

No obstante, una vez más, los líderes judíos de la sinagoga se volvieron celosos de la efectividad de Pablo. Reclutaron un grupo de gente que se dedicaba a hacer protestas para que escandalizaran la ciudad. Después de atacar la casa de un creyente, arrastraron a un hombre llamado Jasón ante los magistrados, acusándolo de hospedar a personas que estaban actuando de forma contraria a los decretos del emperador y de decir que había otro rey llamado Jesús. Una vez más, Pablo y Silas se vieron forzados a dejar el lugar donde la semilla del evangelio se había arraigado y una vez más se encontraron a sí mismos sufriendo por la incapacidad de estar el tiempo suficiente como para ver la iglesia establecida y madura antes de que se tuvieran que ir.

Después de la partida, Pablo estaba desesperado por saber acerca del bienestar de esos nuevos creyentes. Él mismo quería regresar, pero era peligroso que lo hiciera. Entonces, en algún punto, quizá unos meses después de su partida, envió a su joven protegido, Timoteo, para examinar los resultados de su corta tarea misionera en Tesalónica.

Los creyentes nuevos eran obviamente cristianos extraordinarios. Timoteo regresó a Pablo desde Tesalónica con un reconfortante informe. Aparte de eso Pablo recibió muchas preguntas y consideraciones de los nuevos cristianos acerca de cómo interpretar hechos que habían tenido lugar después de su partida.

Esta gente había respondido al evangelio con fervor. Sus vidas fueron absoluta y completamente transformadas y permanecieron fieles a Dios a pesar de la persecución. Pero en esta carta también es evidente que Pablo tenía una expectativa clara que Dios deseaba hacer más en ellos que lo que se había logrado hasta ese momento.

En las palabras de apertura del pasaje clave, 1 Tesalonicenses 5:12-28, Pablo hace una petición de armonía y de aprecio mutuo como una expresión vital de fe. "Tened paz entre vosotros" dice en el versículo 13. Esto fluye de la insistencia de que el respeto y el honor profundo siempre se deberían dar a los líderes espirituales de la iglesia. Nos dirige a que los tengamos en alta estima.

Este tipo de amor y honor es una expresión práctica del tipo de corazón que Dios desea que nosotros tengamos. Se expresa en el cuidado y en el ánimo mutuo, la obligación y la responsabilidad que caracterizan a un cuerpo saludable de creyentes. No hay lugar para altercados o rivalidades internas, para celos o falta de respeto, especialmente a la luz de la exhortación previa de amarse unos a otros (véase 1 Tesalonicenses 4:9-10). Pablo dijo que Dios le enseñó esto. Es una expresión esencial de la vida de los creyentes. Es fundamental en la vida cristiana. No se puede reducir a una opción o a un tema de expectativa idealista o poco realista. Este es el mínimo irreducible, amarse unos a otros.

Después, Pablo da una directiva más bien sorprendente a los tesalonicenses, en especial a la luz de la persecución que están pasando: "Mirad que ninguno pague a otro mal por mal; antes seguid siempre lo bueno unos para con otros, y para con todos" (v.15).

¿Qué tipo de persona puede hacer eso? Con frecuencia pensamos que es lo suficientemente difícil mantener una buena actitud hacia otros dentro de la iglesia. Entonces, ¿cómo, espera Dios que seamos agradables con aquellos que nos persiguen?

Aparentemente, Pablo recuerda las palabras de Jesús, que dijo: "Bienaventurados los que padecen persecución" (Mateo 5:10). De acuerdo con Pablo, ese es el objetivo de Dios para con los tesalonicenses. En vez de las circunstancias difíciles en sus vidas como creyentes, en vez de la persecución, la oposición y la prueba deben mantener el celo espiritual. Deben ser agradecidos, regocijarse y orar en gratitud humilde a Dios en todo a pesar de las presiones de la vida. Y deben amar de forma consecuente. Deben amar a los hermanos y hermanas en la fe, ya sea que estén lejos o cerca. Su amor se debe aumentar y ese amor no debe limitarse a aquellos que son fáciles de amar. Deben amar a todos.

Es aquí que nos damos cuenta de que la vida que Pablo les suplica que vivan no es posible en sus propias fuerzas, aún como creyentes. Esto requiere una ayuda sobrenatural.

Pablo deja claro que esto es exactamente lo que Dios espera.

Juan Wesley con frecuencia citó 1 Tesalonicenses 5:16-18 como la descripción de la vida santificada. Sostenía que aquellos que exhibieran estas características demostraban que Dios los había santificado por completo.

Este llamado a la vida santa, a una rendición profunda de nosotros a la presencia y poder purificador del Espíritu Santo, ha llevado pasión por la iglesia en la tradición metodista por más de 250 años. Pero antes de Wesley, este era el objetivo de Dios para su pueblo. De hecho, lo ha sido desde antes del principio de los tiempos (Véase Efesios 1:3-5). A lo largo de la gran corriente de la historia cristiana siempre estuvieron aquellos que se aferraron a esta idea, que la entendieron como el propósito por el cual Dios constantemente ha llamado a su pueblo.

Este llamado a la santidad se encuentra a lo largo de la primera carta a los Tesalonicenses, en particular en 3:12-13 y 4:1-7. Pero en ningún lugar se da una expresión más clara que la que Pablo dice en la oración de cierre en 1 Tesalonicenses 5:23. Aquí expresa el objetivo hacia el cual les ha estado apuntando a lo largo de toda la carta. Aquí los invita a que le permitan a Dios, el Dios que es en sí mismo la fuente de nuestra paz, que los santifique de pies a cabeza. Esta integración de las palabras que siguen el versículo 24 no deja duda alguna acerca de la confianza de Pablo. Está convencido de que Dios es perfectamente capaz de lograr en ellos aquello por lo cual ora. Además, aclara que esta obra de Dios es capaz de permanecer en su pueblo, manteniéndolos sin culpa. De manera repetida le recuerda a los tesalonicenses, que Dios lo quiere hacer.

Este no es un clamor para un perfeccionismo angelical que no deja lugar para las disciplinas de crecimiento y madurez espiritual. Esto es para la vida que se vive en un mundo real, donde hay algunos holgazanes, donde hay algunos cobardes, donde hay algunos débiles, donde algunos ponen a prueba nuestra paciencia. Esto es para la vida en la cual la maldad real está al acecho y a veces muestra su cabeza horrible en las formas más devastadoras e impactantes. A lo largo de toda la carta, Pablo afirma que podemos ser enteramente santificados en esta vida y que ahora estamos capacitados para vivir la vida a la cual Dios nos ha llamado. Es el reconocimiento de que Dios, quien nos ha llamado a santificación, es perfectamente capaz de lograr esto en nosotros. La afirmación es clara. Él desea santificarnos por completo ahora para que pueda santificarnos *finalmente* al regreso de Cristo.

Mientras tanto podemos ser "guardados irreprochables" (v.23NVI) ¡Guardados irreprochables! ¡Qué pensamiento intrigante! ¿Por qué Pablo diría esa palabra en la exhortación? Porque invita a los lectores a que se apropien de una provisión de la gracia de Dios que parece demasiado buena como para ser real, que todo nuestro espíritu, alma y cuerpo, todo lo que está en nosotros, se santifique por completo. Nuestras vidas pueden agradarle a Él *ahora*.

Esta no es la expresión idealista de un pensamiento deseoso. No es una afirmación de madurez constante. No es el fin de la necesidad de disciplina y obediencia, de crecimiento y de progreso. No es la entrada a un estado estático de santidad inmejorable. Esta es la puerta abierta para el crecimiento acelerado a la semejanza de Cristo. Esta es la culminación del propósito que Pablo estableció en la carta.

Esto es, dice él, lo que les falta en la fe. Esto, promete, es lo que Dios desea lograr en ellos. Esta es la forma en la que las súplicas por amor se hacen posibles. Este es el medio por el cual podemos en realidad "estar siempre gozosos, orar sin cesar" y "dar gracias en todo" (vv.16-17) esta es la base sobre la cual la petición de vivir moralmente puros en una cultura totalmente inmoral se puede llevar a cabo.

Dios *desea* hacer esto por nosotros ahora. Él *puede* hacerlo. Aquél que nos ha llamado es fiel. ¡Él lo *hará*! Lo que Dios desea hacer, lo que los sufrimientos de Cristo hicieron posible, el Espíritu Santo lo logrará en el corazón y en la vida del creyente que se rinde y confía.

Esta es una promesa para todos hoy. Ahora, en este momento, Él puede lograr en cada uno de nosotros lo que desea hacer de forma tan desesperada, santificarnos de pies a cabeza.

Recuerda que Aquél que nos llamó es fiel. Él lo hará. ¿Por qué no invitarlo para que haga eso en tu vida hoy?

Adaptado de lecciones escritas para *Adult Faith Connections curriculum, Fall 2006,* WordAction;copyright Nazarene Publishing House.

5
SER PERFECTO. ¿QUIÉN, YO?

Nina G. Gunter

Texto: Mateo 5:48

Encuentro la gracia de Dios asombrosa. ¿Te sorprende? Sólo por su maravillosa gracia es que, salvos de nuestros pecados, tenemos relación con Él. Debido a su gracia sabemos lo que significa tener la presencia del Espíritu Santo que mora en nosotros en su plenitud, momento a momento. Y debido a su gracia sabemos que todos los días podemos caminar en la seguridad de la voluntad de Dios para nuestra vida.

Mientras celebramos el centenario, la Junta de Superintendentes Generales considera que si vamos a darnos cuenta de nuestra razón de ser, debemos redescubrir y profundizar nuestro compromiso con la misión de santidad. Debemos recapturar el espíritu original de la Iglesia del Nazareno. En el *Manual* de nuestra iglesia, en la sección de la Declaración Histórica de la página 16, las palabras "santidad" y "santificación" se mencionan más de 60 veces. La santidad es nuestro llamado. La santidad es nuestra pasión. La santidad es nuestro fuego. La santidad es nuestro ímpetu.

SER PERFECTO. ¿QUIÉN, YO?

¿Qué es lo que piensas cuando lees la oración de Jesús como sumo sacerdote registrada en Juan 17:20-21? "Mas no ruego solamente por éstos, sino también por los que han de creer en mí por la palabra de ellos, para que todos sean uno; como tú, oh Padre, en mí, y yo en ti..." ¿Qué es lo que piensas cuando lees las palabras de Pablo a los Colosenses? "...quien anunciamos, ...a fin de presentar perfecto en Cristo Jesús a todo hombre" (1:28). Además, tenemos las palabras del mismo Jesucristo para nosotros en Mateo 5:48: "Sed, pues, vosotros perfectos, como vuestro Padre que está en los cielos es perfecto".

Eso suena como un imperativo, un mandamiento de parte de Dios que posiblemente no podría tener nada que ver contigo y conmigo, sin embargo, sí lo tiene. Estas palabras de Jesús no fueron dadas para cargarnos con más legalismo; en lugar de eso, pretendían llevarnos decididamente hacia la gracia.

El amor perfecto es bíblico, de hecho, algunas formas de la palabra "perfecto" aparecen en la Biblia más de 100 veces. Juan Wesley dijo: "No la usaría [La palabra "perfecto"] excepto porque Jesús y Pablo la usaron". Necesitamos decidir desde el mismo comienzo qué tipo de perfección Jesús te ordena a ti y a mí obtener cuando dice: "Serás perfecto".

Para ayudar el entendimiento, miramos la palabra clave "perfecto". La idea aquí pertenece a la función, esto es muy importante para nuestra comprensión. En otras palabras, una cosa es perfecta si satisface o cumple el propósito para el cual se la hizo. Podría sostener en mi mano un bolígrafo en perfecto estado. La razón de que es un bolígrafo en perfecto estado es que hace lo que debe hacer. Cumple su propósito de escribir. De esa manera es un bolígrafo en perfecto estado.

Cuando hablamos acerca del amor perfecto o de la perfección cristiana (y Juan Wesley con frecuencia hablaba acerca del amor perfecto) no hablamos de un desempeño impecable o de un actuar sin equivocación. ¿Cualquiera que leyera esto podría dar testimonio de un actuar perfecto? Si es así, ¡sólo es posible que alguien te pueda recordar alguna falta en tu actuar, llevándote de regreso a la realidad de que nadie califica como impecable!

Esto tampoco se trata de la comunicación intachable. El significado inherente en el texto es una perfección de *propósito*. Uno bien podría preguntar, ¿para qué propósito nos hizo Cristo? ¿Para qué fuimos creados? La Biblia responde esa pregunta también. "Hagamos al hombre a nuestra imagen, conforme a nuestra semejanza" (Génesis 1:26). Tú y yo fuimos creados para ser como Dios. El mensaje bíblico no dice que fuimos creados para *ser* Dios, sino para ser *como* Dios.

Uno de los textos más grandes de santidad en la Biblia, Efesios 4:24 dice: "Creado según Dios en la justicia y santidad de la verdad". Sólo cuando vivimos este tipo de vida, como Dios en verdadera justicia, un vivir correcto y santidad, cumplimos con el propósito para el cual fuimos creados.

Entonces preguntamos, si debemos ser como Dios, ¿cómo es Él? La Biblia responde a esta pregunta de forma clara y concisa: "Dios es amor". Aprendimos esa verdad cuando éramos niños en la Escuela Dominical y oro para que sea algo que nunca olvidemos: "Dios es amor".

Lo único que nos hace como Dios es amar de la forma en la que Él lo hace, con un amor que nunca cesa por cuidar a otros. La esencia de la santidad es el amor santo. Entramos en la perfección cristiana cuando amamos en la manera en la que Dios lo hace, cuando perdonamos en la manera en la que Él lo hace. En la tradición wesleyana esto se llama "amor perfecto". Juan Wesley, nuestro primer padre teológico, dijo: "Amar a Dios con todo tu corazón, alma, mente y fuerza, y amar a tu prójimo como a ti mismo es la escencia de la santidad". Como creyente, como gente de la santidad wesleyana, estamos comprometidos de forma inequívoca con la doctrina bíblica y a la experiencia de santidad.

Estas dos palabras van juntas, *doctrina* y *experiencia*. Nosotros no predicamos la santidad o enseñamos la santidad como una aspiración y nos detenemos allí. Dios nos guía a su Palabra, y predicamos la santidad como una *aplicación*. Experimentamos la aplicación de la gracia que libera una persona del poder del pecado. Este mensaje, históricamente, ha evocado las alabanzas del pueblo de Dios. Uno puede saber que la persona es liberada del poder del pecado. La Palabra de Dios nos enseña que hay una experiencia de gracia, una aplicación personal de gracia en nuestros corazones y vidas que puede librarnos del poder del pecado y mantenerse en nuestros corazones y vidas.

Phineas F. Bresee, el fundador principal de la Iglesia del Nazareno, dijo: "Una vida santificada es un deleite para Jesús, un gozo para el alma, una bendición para el hogar, un poder para la iglesia, un terror para el pecado y una desilusión continua para el diablo". ¡Permitamos que Dios nos dé más personas santificadas!

La santidad es el dogma distintivo de nuestra doctrina wesleyana. Los términos "llenura del Espíritu", "amor perfecto", "llenos del Espíritu", "entera santificación" y "completamente santificado" son parte de la tradición de la santidad wesleyana. Como pastores de esta denominación, no buscamos ser una iglesia genérica, no buscamos ser todas las cosas para todas las personas. Porque Dios nos ha dado un llamado para ser personas *santas*, que vivan una vida santa con una misión de santidad.

La Palabra de Dios nos enseña que la regeneración es una experiencia de la obra de gracia de Dios, precedida por arrepentimiento, obtenida por medio de la fe. Esta experiencia de la regeneración, nacer de nuevo o conversión, nos estimula y anima a una vida espiritual de amor y obediencia.

Lo que sigue a la regeneración es otra obra de gracia, instantánea o puntual, sea cual sea el término que se desee utilizar para esto de la entera santificación. Es ese acto de Dios a través del cual los creyentes son liberados del pecado original y llevados a un compromiso completo y total con Dios en sí mismo. Esta experiencia es una obra del Espíritu Santo provista por la sangre de Jesucristo. Se recibe por fe y de esta experiencia de gracia el Espíritu Santo da testimonio.

¿Sabías que el Espíritu Santo te ha llenado y que has sido santificado por completo? Recuerdo esa experiencia en mi propia vida. Tenía 14 años, participaba en una reunión de campamento del distrito en Carolina del Sur en un domingo por la tarde cuando el Espíritu Santo me reveló la necesidad de santificarme por completo. Debido a que había nacido de nuevo, estaba sirviendo a Dios y le amaba, quería hacer todo lo que Él me mostrara que necesitaba hacer. Así que, ese domingo por la tarde, salí de mi lugar y fui al altar. El Señor me ayudó a través del poder del Espíritu Santo para entregarme y llegar a una consagración total a Dios y su voluntad en el tiempo y la eternidad, y morir a mí misma. El Espíritu Santo vino con un poder purificador y categórico.

La gracia de Dios trabaja en mi vida mientras esta relación con Cristo se profundiza y continúo transformándome más y más a la semejanza de Jesucristo. Mi anhelo más profundo es que más creyentes experimenten lo que se encuentra en las enseñanzas del Señor, en los escritos del apóstol Pablo y en cualquier otro lugar en las Santas Escrituras. Mi inquietud es que nuestros pastores sean verdaderos predicadores de la santidad. La santidad bíblica debe predicarse con claridad para que las personas sepan acerca de la vida santa. Se la debe predicar con convicción para que la gente sepa que la pasión por la santidad arde en nuestro corazón y en nuestra vida.

Puede ser que recuerdes un comercial de televisión popular en la década de los ochenta que presentaba a una anciana pequeña que miraba una hamburguesa en un restaurante de comidas rápidas. Cuando le servían la hamburguesa, la abría y con una expresión de desconcierto en el rostro, miraba a la mesera y le preguntaba: "¿Dónde está la carne?" Creo que su situación es, de alguna forma, parecida a los sentimientos de las personas en la actualidad que buscan la sustancia de la santidad en sus vidas. Queremos que las personas sepan que somos un pueblo santo porque el amor santo de Dios obra en el corazón y en la vida. Pero el mundo pregunta: ¿Dónde está la carne [la santidad]?, ese ingrediente de la experiencia cristiana que Juan Wesley describió como "la religión en sí misma". Esto es lo que distingue la vida santa y caracteriza a una persona santa, a una iglesia santa. No es nada menos que amor santo.

Examinemos el amor santo de una forma un poco más cercana:

- Lo que *no* es.
- Lo que *es*.
- De qué forma una persona lo puede obtener.

Lo que *no* es. No es recibir el Espíritu Santo. Pablo escribió a los Gálatas, "Comenzaron en el Espíritu". El Espíritu Santo también trabaja en la tarea de la conversión. Pablo les escribió a los romanos que si alguno no tenía el Espíritu de Cristo, no era de Él. Recibimos el Espíritu Santo en la conversión, pero en la experiencia de la entera santificación somos *llenos* con el Espíritu Santo. Decir que Jesús es el Señor no es lo mismo que ser llenos con su Espíritu. Jesús dijo que si queríamos ir en pos de Él debíamos negarnos a nosotros mismos, tomar la cruz y seguirlo. En la conversión nos comprometemos a seguir al Señor Jesucristo, allí es donde resolvemos el problema del pecado. Ser llenos con el Espíritu no es afirmar que Jesús es el Señor, sino que Jesús como el Señor demanda de ti hasta que tenga todo lo que debe tener.

En la época de Dwight L. Moody, los líderes cristianos en Londres consideraban llevar a cabo un avivamiento en toda la ciudad y se encontraban y hablaban acerca de a quién deberían llamar como evangelista. Algunos decían que necesitaban llamar a Dwight L. Moody. Finalmente se formuló la pregunta peyorativa: "¿El señor Moody tiene el monopolio del Espíritu Santo?" La respuesta fue: "Por supuesto que no, pero parece que el Espíritu Santo tiene el monopolio en el señor Moody".

¡Qué diferencia que se evidencia en la vida personal, y en las iglesias, cuando el Espíritu Santo tiene el monopolio sobre nosotros, cuando el Espíritu Santo reivindica todo lo que somos y todo lo que tenemos, cuando todo lo rendimos a Él!

Lo que *es*. Sabemos que algo va a suceder en nuestra vida cuando somos llenos del Espíritu y Jesús demanda de nosotros. Debemos vivir con un propósito, con un objetivo, el de glorificar y agradar a Dios. ¿Te imaginas cómo luciría tu iglesia si todos los que afirman estar en Cristo vivieran con una mente, la mente de Cristo? ¿Cómo sería si todos tuvieran un propósito, un objetivo, el de glorificar y agradar al Dios todopoderoso?

Gálatas 5:13 dice: "Porque vosotros, hermanos, a libertad fuisteis llamados; solamente que no uséis la libertad como ocasión para la carne, sino servíos por amor los unos a los otros".

En los versículos 15 y 16 se nos dice: "Pero si os mordéis y os coméis unos a otros, mirad que también no os consumáis unos a otros. Digo, pues: Andad en el Espíritu, y no satisfagáis los deseos de la carne".

Dios nos ofrece la liberación de la vida en la carne. No debemos vivir en esclavitud del ser. Dios nos puede rescatar de eso. ¡Esas son buenas noticias! La persona más difícil con la cual vivir es uno mismo. Dios nos puede rescatar de nosotros mismos hasta que podamos vivir y caminar en el Espíritu.

En Gálatas 5 se nos dice que los celos, los ataques de ira, la murmuración, las disensiones y la envidia son obras de la carne, que aquellos que practican tales cosas no heredarán el reino de Dios. El estar centrado en uno mismo destruye a una persona. El estar centrado en uno mismo destruye familias, iglesias y relaciones saludables. Pero cuando el Espíritu Santo nos afirma y estamos llenos de Él, hay fruto del Espíritu, amor, gozo, paz, paciencia, benignidad, bondad, fe, mansedumbre y templanza. ¡La santidad hace que el cristianismo sea hermoso! No hay absolutamente nada desagradable acerca de la santidad bíblica real, es hermosa. El fruto del Espíritu es la virtud de Jesucristo en sí mismo.

Es obvio el tipo de perfección del cual Jesús está hablando en Mateo 5:48 cuando dice: "[Por lo tanto] Sed, pues vosotros perfectos". Cuando miramos la expresión "por lo tanto", nos da el secreto del tipo de perfección del que Jesús habla. La expresión "por lo tanto" se usa para conectar pensamientos. Significa "como resultado de". Se refiere a lo que se ha establecido previamente. ¿Cuáles eran las palabras de Jesús que están registradas antes del versículo 48? Jesús dijo en esos versículos que necesitamos amar a los enemigos, bendecir a los que nos maldicen, amar a aquellos que nos ultrajan, amar a aquellos que nos persiguen, poner la otra mejilla, que nos contuviéramos de contraatacar, que evitáramos las amenazas, lo cual es amor perfecto y pureza de intenciones. Un gran evangelista en los años formativos de la Iglesia del Nazareno, Bud Robinson, solía decir:

> Dale una cachetada a una persona santificada y tendrás miel en toda la mano. Luego te vuelves bajo una convicción tal que regresas y le pides a la persona santificada que ore por ti.

Esto sólo puede suceder cuando has muerto a ti mismo. T. W. Willingham, uno de los predicadores más grandes que la iglesia jamás haya producido, testificó: "Fui a mi funeral, porque T. W. Willingham murió". ¿Alguna vez has ido a tu funeral? ¿Has muerto a ti mismo? Agustín testificó:

"Agustín ha muerto, un nuevo propietario lo tomó". El apóstol Pablo testificó en Gálatas 2:20: "Con Cristo estoy juntamente crucificado, y ya no vivo yo, mas vive Cristo en mí". Aquellos que pertenecen a Cristo Jesús han crucificado la naturaleza pecaminosa con sus pasiones y deseos.

Es la voluntad de Dios que muramos a nosotros mismos y continuemos muriendo todos los días. Pero aquí están las buenas noticias. Cuando mueres, gracias a Dios, hay una resurrección. Te convertirás en una persona diferente llena con el Espíritu Santo. La muerte *al* ser no significa la muerte *del* ser. Aún tendrás la misma personalidad, pero estará rendida a la obra del Espíritu Santo. No nos esconderemos detrás de excusas como "Esa es la forma en la que soy yo. Esa es mi personalidad, mi temperamento, mi disposición".

No, rendimos todo a la obra del Espíritu Santo y decimos: *Ven, Espíritu Santo. Cualquier cosa que quieras hacer en mí y por medio de mí, hazme más y más como Jesucristo hasta que pueda orar: Venga tu Reino. No mi voluntad, sino sea hecha tu voluntad. No a mi manera Señor, sino a la tuya.* Abandonamos el ser y dejamos de vivir en la carne y Dios se glorificará y será honrado en nuestra vida.

Eso es lo que hace el Espíritu Santo, no es nuestra conciencia la que trabaja para eso. El Espíritu Santo da paz. El Espíritu Santo da paciencia. El Espíritu Santo da amabilidad y bondad. El Espíritu Santo da templanza. El Espíritu Santo ama a través de nosotros. Cuando estamos llenos con el Espíritu Santo, amamos a personas que no podríamos haber amado en la carne y nos entregamos como instrumentos a través de los cuales el Espíritu Santo puede vivir y trabajar.

Esa es la razón por la cual llamamos a esta experiencia

una obra de gracia. No es lo que hacemos. Es la gracia de Dios, gracia que nos perdona y nos limpia.

De qué forma se puede obtener. Debemos saber, antes que nada, que somos nacidos de nuevo, regenerados, una criatura de Dios. Debemos morir a nuestro ser, tener nuestro propio funeral. Luego debemos dar nuestro ser totalmente a Dios en consagración y recibir la llenura del Espíritu Santo por medio de la fe. Los corazones se purifican por la fe.

Si bien la experiencia es instantánea o en el momento los corazones son purificados por la fe y nuestra consagración es completa, continúa la transformación y la llenura del Espíritu Santo. Caminamos momento a momento en el Espíritu, orando para que seamos más y más como Jesucristo.

Somos llamados a caminar en la luz, a que andemos en amor y obediencia. El desarrollo de un carácter como el de Cristo es continuo. Pablo escribió que vivimos por el Espíritu y debemos mantener el paso con el Espíritu. Instó a los corintios a que se sometieran para ser transformados a la imagen de Cristo. Esta no es una relación estática. De forma permanente, moramos en Él. Allí continúa el diálogo entre la gracia del Espíritu Santo y nosotros mientras Dios nos transforma a la imagen de Dios mismo.

Juan Wesley dijo que Dios no nos da un suministro o nos abastece con santidad. Permanecemos puros sólo mientras el Espíritu Santo continúa limpiando el corazón y nos transforma a la imagen de Jesucristo. El Espíritu Santo sigue limpiando y continúa corrigiendo. Esto significa que la persona santificada tiene un espíritu arrepentido y un corazón abierto para todas las enseñanzas del Espíritu Santo.

SER PERFECTO. ¿QUIÉN, YO?

Adam Clarke resumió la idea wesleyana del Nuevo Testamento acerca del amor perfecto de esta manera:

> Como Dios demanda que cada persona lo ame con todo el corazón, alma, mente y fuerza y al prójimo como a sí mismo entonces, es una persona perfecta quien hace eso, responde el fin para el cual Dios lo hizo.

El propósito de Dios entonces se cumple en nosotros, al ser limpios y revestidos con poder para responderle a Cristo y a nuestro prójimo en amor.

Dios está en el trabajo de perfección. Dios perfecciona tu pasado. Si has confesado los pecados y has clamado por perdón a través de la sangre y poder de Jesucristo, entonces Dios ha perfeccionado tu pasado. Todo está bajo la sangre de Jesucristo, nunca más para recordarlo en tu contra. Dios perfecciona el corazón, a eso lo llamamos limpieza, entera santificación. Dios perfecciona el carácter, a eso lo llamamos crecimiento y madurez cristiana. Y un día Dios perfeccionará el cuerpo, a eso lo llamamos glorificación en la muerte. Gracias a Dios, que está en el trabajo de la perfección.

Si los nazarenos vamos a cristianizar el cristianismo, como el doctor Bresee, nuestro fundador principal visualizó, debemos tener una llenura fresca del Espíritu Santo. Los nazarenos nacieron hace 100 años en lo que el doctor Bresee llamó "la gloria", definida como la presencia manifiesta de Dios. El doctor Bresee tenía el Granero de Gloria, así era como se llamaba al lugar de reunión, debido a que era allí donde la gloria caía. Las personas venían al Granero de Gloria para burlarse pero se iban transformadas. ¿Por qué? Porque la gloria caía. Y el llamado de alerta del doctor Bresee a los nazarenos fue: "Oh, nazarenos, mantengan la gloria abajo". No es una emoción provocada sino una unción celestial en la cual las personas sabrán que la presencia manifiesta de Dios está entre nosotros.

Debemos regresar a la necesidad real de los corazones individuales y de las iglesias y humillarnos delante de Dios y abrirle el corazón y orar: Dios, dame una llenura fresca del Espíritu Santo. Y si Dios te ha revelado mientras has leído estas páginas que nunca te has santificado por completo, nunca has abandonado tu ser y nunca has hecho una consagración total a Él, puedes crear un altar en el mismo lugar en el que estás y puedes experimentar la plenitud del maravilloso Espíritu Santo.

6
SANTIFICADOS POR COMPLETO
J. K. Warrick

Texto: 1 Tesalonicenses 5:12-24

Si un pastor buscase una iglesia a la cual pastorear, sin duda elegiría una iglesia como la descrita en 1 Tesalonicenses. La Biblia dice:
- Han oído el evangelio predicado con poder, con el Espíritu Santo y con convicción (1:5).
- Se han vuelto imitadores de Pablo y del Señor debido al mensaje del evangelio (1:6).
- Fueron tomados como cristianos modelo para toda la iglesia del Nuevo Testamento (1:7).
- Han resistido días de persecución intensa, su fe y amor no titubeó (3:6).
- Fueron una fuente de ánimo para Pablo en sus propios sufrimientos (3:7).

En pocas palabras, fueron un grupo de personas bastante admirables cuya fe y amor por Cristo habían sido probadas, y demostraron ser dignos de confianza. Con esto en mente, es sorprendente, entonces, al menos para mí, que Pablo escribiera en 1 Tesalonicenses 3:10: "Orando de noche y de día con gran insistencia, para que veamos vuestro rostro, *y completemos lo que falte a vuestra fe"* (*énfasis añanido*).

¿Qué es lo que le falta a tu fe? Había algo que faltaba en la fe de ellos.

Continúa:

> Mas el mismo Dios y Padre nuestro, y nuestro Señor Jesucristo, dirija nuestro camino a vosotros. Y el Señor os haga crecer y abundar en amor unos para con otros y para con todos, como también lo hacemos nosotros para con vosotros, para que sean afirmados vuestros corazones, irreprensibles en santidad delante de Dios nuestro Padre, en la venida de nuestro Señor Jesucristo con todos sus santos.
>
> (vv.11-13)

A partir de estos versículos podríamos llegar a la conclusión de que al menos algo de lo que les faltaba tenía que ver con:

(1) deficiencia en su amor y posiblemente un impedimento para incrementar el amor,

(2) una influencia debilitadora que les dificultaba vivir de forma irreprochable y santa delante de Dios.

El capítulo 4 plantea los temas de inmoralidad, amor fraternal y cómo conducir la vida diaria de forma tal de ganarse el respeto de aquellos de fuera de la fe así como también de los creyentes. En este mismo capítulo, Pablo nos dice que es la voluntad de Dios que nos santifiquemos, porque Dios no nos llama para que seamos impuros sino para que vivamos vidas santas. Nos dice que aquellos que rechazan la instrucción no rechazan al hombre sino a Dios, quien nos da el Espíritu Santo (Véanse vv.3,7-8).

La implicancia del versículo 3 es que mientras esas personas eran salvadas de forma maravillosa, aún no habían experimentado la santificación, a pesar de que debe decirse que fueron santificados a nivel posicional, a nivel inicial, en el sentido de que habían sido separados para Dios en Jesucristo.

Permíteme ilustrar lo que quiero decir con santificación posicional o santificación inicial.

En 1993, me llamaron para ser pastor de la Iglesia del Nazareno en Olathe, Kansas. Cuando la gente me llamó como su pastor, se me dio una nueva posición entre ellos. El primer domingo de 1994, cuando estaba instalado como pastor, mi posición, lugar o nuevo estado entre las personas era reconocido a nivel público. Pero hasta que comencé a ejercer las responsabilidades y privilegios de ser pastor, sólo era un asunto de una nueva posición ante ellos. Dependía de mí elegir el experimentar todo lo que podría significar ser pastor en mi vida y en la vida de la iglesia.

Esta no es una ilustración perfecta, por supuesto, pero ayuda a resaltar de qué manera algo puede ser verdad en virtud de una nueva posición, pero no verdadera aún en experiencia.

Pablo hace otra oración por ellos en 1 Tesalonicenses 5:23-24:

> Y el mismo Dios de paz os santifique por completo; y todo vuestro ser, espíritu, alma y cuerpo, sea guardado irreprensible para la venida de nuestro Señor Jesucristo. Fiel es el que os llama, el cual también lo hará.

La oración es real para ellos a nivel *posicional* y se convertirá en real para ellos a nivel *experimental*. Miremos esta oración.

En el contexto de esta oración encontramos el simple modelo de la vida santa o santificada.

¿De qué forma luce una vida santificada? En 1 Tesalonicenses 5:12-22 Pablo nos da una descripción gráfica de la vida santa. Examinémosla.

- Respetar a aquellos que te lideran (v.12).
- Vivir juntos en paz (v.13).
- Ser paciente con todos en ánimo o exhortación (v.14).
- No devolver mal por mal (v.15).
- Ser gozoso en la fe (v.16).
- Vivir una vida de oración (v.17).
- Ser agradecido (v.18).
- No apagar el Espíritu (v.19).
- Evitar incluso la apariencia del mal (v.22).

Mientras que esto no es por cierto la suma total de lo que significa vivir una vida santa, nos provee con cierta comprensión del estilo de vida que puede esperarse de una persona santificada.

También consideraríamos otra descripción gráfica que se encuentra en Gálatas 5:22-23, en la cual la vida santa o santificada se ilustra a través del fruto del Espíritu: Amor, gozo, paz, paciencia, benignidad, bondad, fe, mansedumbre y templanza.

Similitudes considerables se encuentran en estos dos pasajes de la Biblia. Puedes encontrar características similares en las Bienaventuranzas que se encuentran en Mateo 5:3-10. Es importante para nosotros entender que en cualquier lugar que la vida santa se describe en las Escrituras, siempre luce igual.

En el lenguaje de esta oración obtenemos la visión de la gracia de la santificación.

Santificar es apartarse para el propósito de Dios y ser aceptable a Dios a través de la purificación. O se lo podría describir de esta forma: Hacer santo.

Podríamos pensar en la palabra "santificar" como verbo, la palabra "santo" como adjetivo. Aquello que es santificado por parte de Dios es santo ante Dios. En tono de chiste, Ray Dunning y Rueben Welch sugirieron que necesitamos una palabra, quizá "santoficar" sea una buena, pero eso nunca se aceptó, por eso luchamos con las dos palabras.

Este versículo es muy explícito: **Es Dios quien santifica**. "El mismo Dios de paz…" Toda bendición espiritual viene *de* Dios.

> Bendito sea el Dios y Padre de nuestro Señor Jesucristo, que nos bendijo con toda bendición espiritual en los lugares celestiales en Cristo, según nos escogió en él antes de la fundación del mundo, para que fuésemos santos y sin mancha delante de él.
>
> (Efesios 1:3-5)

Dios no sólo nos ha bendecido con bendición espiritual sino que también nos ha elegido en Cristo, para que seamos santos y sin mancha ante Él en amor. Recuerda las palabras en 1 Tesalonicenses 4:3,7: "…pues la voluntad de Dios es vuestra santificación… Pues no nos ha llamado Dios a inmundicia, sino a santificación".

Lo que Dios desea lo hace posible, no por nuestro esfuerzo sino por su gracia y su poder. Dios nos ha bendecido con toda bendición espiritual y nos ha elegido y nos ha llamado para vivir en santidad, ¡sin mancha!

Edwin Hatch fue ordenado sacerdote en la iglesia de Inglaterra. Era un erudito y conferencista renombrado, pero por su propio testimonio, cuando salió de la sala de conferencia fue al lugar de oración con un hambre profundo por algo más que la verdad académica. Oró esta oración, la cual después se convirtió en un apreciado himno de la iglesia:

> *Sopla en mí, aliento de Dios,*
> *hasta que mi corazón sea puro,*
> *hasta que contigo sea una voluntad,*
> *para hacer y para resistir.*
> *Sopla en mí, aliento de Dios,*
> *hasta que sea completamente tuyo,*
> *hasta que esta parte terrenal de mí*
> *resplandezca con tu fuego divino.*

Es Dios mismo, el Dios de paz, quien santifica cuando rendimos nuestro ser de esta forma.

Esta es una santidad que Dios, decididamente, comparte con sus hijos.

La oración de Pablo es para que Dios actúe. El lenguaje que usa denota que espera que Dios actúe de forma decisiva en las vidas de estos creyentes y para lograr la santificación de ellos en respuesta a su oración. Ora para que seamos santificados por completo, o tal como decimos en nuestra tradición de pies a cabeza, que los santificara, que los pudiera apartar de forma conciente para sus propósitos y de forma conciente limpiarlos de todo pecado.

Debemos pensar acerca de la santificación como:
(1) ese acto de Dios en el cual Él nos aparta para sus propósitos y
(2) esa obra purificadora de Dios por medio de la cual Él nos hace *aceptables* para sus propósitos.

En 2 Timoteo 2:20-21 encontramos estas palabras:

> Pero en una casa grande, no solamente hay utensilios de oro y de plata, sino también de madera y de barro; y unos son para usos honrosos, y otros para usos viles. Así que, si alguno se limpia de estas cosas, será instrumento para honra, santificado, útil al Señor, y dispuesto para toda buena obra.

En el Nuevo Testamento, la santificación siempre carga estos dos significados complementarios: Apartar y limpiar.

Esta es una totalidad que, de forma dinámica, sostiene en sus hijos.

Ruth Paxson habla de santificación como un paso que alarga el caminar; alguien más ha hablado de una crisis que brota en un proceso.

En 1 Tesalonicenses, Pablo expone la santificación como un acto decisivo de parte de Dios en nombre de sus hijos que hace posible que una mente sin mancha, sin defecto, camine con Él.

Continúa con la sugerencia de que en este caminar profundo todo nuestro ser se preserva sin mancha ante Él:

1. El espíritu: Ese lugar donde nos relacionamos con Dios.

2. El alma: Ese lugar donde conocemos nuestro ser, que involucra el intelecto, las emociones y la voluntad.
3. El cuerpo: Ese lugar donde nos relacionamos con otros y con el mundo en general.

Permíteme colocar el énfasis en la palabra "preservar". La oración es que Dios, de forma continua, guarde al creyente todos los días de su vida. No es que algunos días uno sería preservado y otros días no. Es la expectativa de que, debido a la gracia santificadora de Dios otorgada a través del Espíritu Santo, el creyente será guardado sin mancha delante de Dios.

Paul Rees escribió:

> Esta llenura del Espíritu santificador es, después de todo, una experiencia dinámica, no estática. Es relativa, no absoluta. La fuerza auténtica es incluso dependiente del contacto vivo entre el cristiano y el Espíritu Santo... De ahí, la necesidad de ajuste continuo a la voluntad desplegada de Dios y el ministerio ofrecido del Espíritu Santo en la vida del cristiano. Dado este ajuste, la perseverancia de victoria es algo que no se puede negar (*Prayer and Life's Highest, p.*87) [La Oración y la Vida más Alta].

La promesa de la gracia sustentada es un tema de la Escritura.

> Y al que puede confirmaros según mi evangelio y la predicación de Jesucristo... al único y sabio Dios, sea gloria mediante Jesucristo para siempre. Amén.
>
> (Romanos 16:25,27)

Y el Dios de paz que resucitó de los muertos a nuestro Señor Jesucristo, el gran pastor de las ovejas, por la sangre del pacto eterno, os haga aptos en toda obra buena para que hagáis su voluntad, haciendo él en vosotros lo que es agradable delante de él por Jesucristo; al cual sea la gloria por los siglos de los siglos. Amén.
(Hebreos 13:20-21)

Y a aquel que es poderoso para guardaros sin caída, y presentaros sin mancha delante de su gloria con gran alegría, al único y sabio Dios, nuestro Salvador, sea gloria y majestad, imperio y potencia, ahora y por todos los siglos. Amén.
(Judas 24-25)

¡Esta es una santidad compartida decisivamente y una dinámica completa sostenida!

Finalmente, en la expectativa de esta oración encontramos confianza y esperanza.
J. I. Packer da siete principios acerca de la santidad:

1. La naturaleza de la santidad es transformación a través de la consagración.
2. El contexto de santidad es justificación a través de Jesucristo.
3. La raíz de la santidad es la cocrucifixión y la coresurrección con Jesucristo.
4. El agente de la santidad es el Espíritu Santo.
5. La experiencia de santidad es una experiencia de conflicto.

6. La regla de la santidad es la ley revelada de Dios.
7. El corazón de la santidad es el espíritu de amor.

Eso es decir que la santidad fluye de Dios a través de Jesucristo y que el Espíritu Santo ministra esta verdad en nuestras vidas. La verdadera naturaleza de esta oración nos lleva a entender que la confianza no es algo que podamos hacer o decir. Más bien, ¡la confianza está en Dios, en sus propósitos, en su voluntad, en su santidad!

Es a Dios, al Dios de paz que Pablo ora en el nombre de Jesucristo nuestro Señor. Es en el mismo carácter de Dios que Pablo apoya su ruego. Es Dios mismo quien nos ha llamado para ser santos, y es Dios mismo quien nos asegura que nos santificaremos totalmente, por completo, integralmente, de pies a cabeza.

Tú preguntas: ¿Qué debo hacer?

1. Creer que es la voluntad de Dios para tu vida: "pues la voluntad de Dios es vuestra santificación" (1 Tesalonicenses 4:3).

2. Rendir tu vida al propósito de Dios: "...así ahora para santificación presentad vuestros miembros para servir a la justicia" (Romanos 6:19).

3. Apartarte para Dios: "Por lo cual, salid de en medio de ellos, y apartaos, dice el Señor... limpiémonos de toda contaminación de carne y de espíritu, perfeccionando la santidad en el temor de Dios" (2 Corintios 6:17; 7:1).

4. Confiar en Él para limpiar el corazón de todo lo que no es como Él y llenarte con el Espíritu Santo: "Si confesamos nuestros pecados, el es fiel y justo para perdonar nuestros pecados, y limpiarnos de toda maldad" (1 Juan 1:9).

7
TRES BENDICIONES DE LA SANTIDAD

James H. Diehl

Texto: 2 Timoteo 1:6-7

El apóstol Pablo, veterano con las cicatrices del combate, estaba otra vez en prisión. Pero no era un criminal. Estaba allí porque era el líder de la iglesia de Jesucristo. Había recibido golpes con frecuencia en el viaje. Lo veo como si estuviera inclinado después de haber sido apaleado y muchas veces dejado por muerto. Su voz no era tan fuerte como lo había sido. Ahí estaba él, encadenado a un poste en el medio de una celda de la prisión. En vez de quejarse, tomó la pluma otra vez y comenzó a escribirle a su hijo espiritual, Timoteo.

Mientras me preparaba para predicar una serie de mensajes en 2 Timoteo, aprendí del estudio en profundidad que esta no era sólo una prisión más para Pablo, era la *última* prisión. Evidentemente, los guardias le habían anunciado a Pablo que el final había llegado. Pronto lo sacarían de la celda de la prisión y lo llevarían por el camino hacia el lugar en el cual sería martirizado. Casi puedo oír al duro guardia de la prisión decirle a Pablo: "Lo que sea que esté escribiendo, señor Pablo, apúrese y termínelo. Sólo serán unos pocos días antes de que andemos juntos por el camino. ¡Apúrese! ¡Escríbalo!"

Obedeciendo este anuncio deprimente, Pablo le escribió estas palabras a Timoteo:

> Porque yo ya estoy para ser sacrificado, y el tiempo de mi partida está cercano. He peleado la buena batalla, he acabado la carrera, he guardado la fe. Por lo demás, me está guardada la corona de justicia, la cual me dará el Señor, juez justo, en aquel día; y no sólo a mí, sino también a todos los que aman su venida.
>
> (2 Timoteo 4:6-9)

El día de su partida estaba cerca, no una partida hacia otro país o para otro viaje misionero, sino la partida forzada de este mundo.

Pablo estaba condenado a muerte. Sabía que la muerte estaba cercana. Escribí en mi Biblia en la parte superior de la página de 2 Timoteo: *Las últimas palabras al ser condenado a muerte*. He escrito esas palabras en cada Biblia que he usado desde ese estudio. Comprender el trasfondo cambia la forma en la que se lee esta carta. En otras palabras, se lee así: "Timoteo, mi hijo, no olvides eso". "Timoteo, no voy a poder recordarte aquello otra vez". "Timoteo, ¡asegúrate de hacer esto y asegúrate de evitar aquello!"

Ahora regresemos a la primera parte de esta carta desde la condena a muerte y escojamos algunas verdades poderosas.

El primer recordatorio a Timoteo, y para nosotros en la actualidad, fue: "Por lo cual te aconsejo que avives el fuego del don de Dios que está en ti por la imposición de mis manos" (2 Timoteo 1:6).

La *Nueva Versión Internacional* dice: "Por eso te recomiendo que avives la llama del don de Dios que recibiste cuando te impuse las manos". Pablo sabía que la naturaleza del fuego, incluso el fuego santo, es arder y apagarse a menos que se agregue más combustible al fuego y se avive de vez en cuando. Nunca he vivido en un tiempo en el cual se necesitara más que ahora ese recordatorio. De forma urgente necesitamos el Espíritu Santo para que sople en la llama del don de Dios que está dentro de nosotros. Necesitamos que sople en la llama del Espíritu de Dios en las reuniones de la iglesia. Esa es la razón por la cual creo firmemente en avivamientos. Nuestra propia alma y nuestra propia iglesia necesitan el soplo de la llama santa si no queremos enfriarnos y que pronto no tengamos más que cenizas muertas abandonadas en el centro.

Las personas no se sienten atraídas por una iglesia que no tiene el fuego santo que arde por dentro. Nadie recibe ayuda por oír un sermón de un predicador que ha perdido el fuego. Escucha a este santo de Dios lleno de cicatrices, quien ruega por nosotros desde su condena de muerte ¡para que esperemos ante Dios hasta que la llama santa que está dentro de nosotros se avive para brillar más!

Después Pablo escribe las palabras que he elegido llamar "las tres bendiciones de la santidad". No describe sólo una bendición de Dios en la vida de los santificados, sino tres bendiciones poderosas: "Porque no nos ha dado Dios espíritu de cobardía, sino de poder, de amor y de dominio propio" (2 Timoteo 1:7).

Llenos con poder en vez de atados por el temor.
La Biblia se refiere a Satanás como el león rugiente que busca a quien devorar. También se hace referencia a él como a una serpiente. Además de estas ilustraciones gráficas, veo a Satanás como a una araña. Incluso después de que una persona ha nacido de nuevo y después de que se llena con el Espíritu Santo en poder santificador, Satanás, la araña, trata de hilar una tela de temor alrededor de nosotros, tela tras tela de temor. Tenemos temor de decir algo acerca de Jesús con las personas con las cuales trabajamos. ¡Temor! O puede haber temor acerca de decir que la gracia de Dios está obrando en tu vida. Puedes tener temor de decir cualquier cosa acerca del Señor a los otros chicos de la escuela, temor a adoptar una postura en contra de los pecados de la sociedad, o temor de inclinar la cabeza en un restaurante para orar una oración rápida de acción de gracias por la comida porque las personas que están a tu alrededor pueden pensar que eres extraño.

Satanás, la araña, incluso puede tejer una tela de temor alrededor de predicadores, y causar que tengan temor de predicar mensajes acerca de la santidad a esta generación secular, o temor de predicar verdades bíblicas que confrontarían todos los pecados de la sociedad. Podríamos estar sólo muy asustados, ¡llenos de temor!

El Espíritu Santo no quiere que estemos atados por el pecado. Quiere llenarnos con el poder de Dios. Quiere darnos el poder de vivir vidas a la semejanza de Cristo en una sociedad llena de pecado, poder para ser santo en el corazón en un mundo que es totalmente no santo, ¡poder para vivir de forma victoriosa en Cristo!

Creo firmemente acerca de orar oraciones específicas

si queremos respuestas específicas y hay muchas personas maravillosas que leen este mensaje y que necesitan orar una oración específica como esta: *Señor, rompe las cuerdas de temor que se han atado a mí alrededor. Lléname con un poder fresco y nuevo que venga del mismo trono de Dios.* Esta no es una oración de poder para hacer alarde, sino para pedir un poder santo dentro de nosotros para marcar una diferencia por Jesucristo en este mundo. Continúa, ora esta oración ahora mismo: *Señor, libérame del temor y lléname con tu poder.* ¡Esta es una de las bendiciones que Dios quiere darte!

Llenos con amor en vez de atados por la amargura.
¿Si el temor es lo opuesto al poder, qué es lo opuesto al amor? Es el odio. He aprendido en mi viaje a través de la vida que el odio nunca nace en el corazón como odio. Comienza como dolor. Alguien, incluso en la iglesia, te hiere. Él o ella dice algo acerca de ti que no es verdad en absoluto y te hiere en lo más profundo. La persona puede organizar una campaña para que te rechacen como pastor, un divorcio totalmente injusto te ocurre, o pierdes el trabajo cuando las críticas sobre tu desempeño eran mucho más positivas que las de aquellos que permanecieron empleados. Las ilustraciones continúan, debido a que en este mundo cada uno de nosotros será herido de forma muy profunda por diversas circunstancias. Te recuerdo que incluso los cristianos llenos del Espíritu y santificados sufren heridas. No hay un estado de gracia que nos haga inmunes contra el hecho de ser heridos en el ser más íntimo.

Si no llevamos la herida a Cristo y lo rendimos todo a Él, esa herida se convertirá en amargura. Si no entregamos la amargura a Jesús, se convertirá en resentimiento. Si no dejamos ir ese resentimiento y lo colocamos en el altar de Dios, se convertirá en odio. El odio no nos llevará al cielo, ni tampoco la amargura. No veo una epidemia de odio entre los cristianos a lo largo de la iglesia, pero sí veo una epidemia de amargura. Pablo, en el camino hacia la condenación a muerte, clama y dice que en esta sociedad áspera, sarcástica y cínica el Espíritu Santo puede llenar nuestro corazón con amor.

El amor de Dios derramado en el corazón es lo opuesto a la amargura. Su amor dentro nos capacita para renunciar a esos sentimientos fuertes de resentimiento que nos aferramos contra el pueblo de Dios que nos ha herido. Incluso hace posible que perdonemos a nuestros enemigos. Sí, el Espíritu Santo puede limpiar los corazones de la amargura, el resentimiento y el odio. ¡Alaba a Dios por siempre!

Pero debemos dejar ir las heridas. En nuestro lenguaje santo decimos: "Ponlas en el altar de Dios y déjalas allí". Te declaro a ti hoy, desde mi experiencia personal que cuando la herida y las personas responsables de causarla se entregan y se rinden a Dios, el Espíritu Santo limpiará el corazón de toda amargura y nos llenará con su amor divino. Pero debemos pedírselo. Debemos desear dejarlo ir. Debemos orar de forma específica para que Dios nos libere de la amargura dentro y creer de forma específica en la respuesta sanadora y limpiadora de Dios.

El apóstol Pablo escribió a los cristianos efesios:

> No contristéis al Espíritu Santo de Dios, con el cual fuisteis sellados para el día de la redención. Quítense de vosotros toda amargura, enojo, ira, gritería y maledicencia, y toda malicia. Antes sed benignos unos con otros,

misericordiosos, perdonándoos unos a otros, como Dios también os perdonó a vosotros en Cristo.

(Efesios 4:30-32)

Una de las bendiciones de la santidad es que Dios nos puede limpiar de la amargura y ¡llenarnos con su amor bendito! ¿Estás listo para dejar ir a la herida y a quien te hirió? ¡Hazlo ahora!

Llenos con autocontrol en vez de atados por el egoísmo.
Si el poder es lo opuesto al temor y el amor es lo opuesto a la amargura, entonces el autocontrol es lo opuesto al egoísmo. El hombre o la mujer natural, (que está sin Cristo), está centrado en sí mismo desde el día de su nacimiento. No tienes que enseñarle a un niño a gritar "¡Mío!" Querer las cosas a nuestra propia manera es la actitud que todos heredamos de nuestro padre terrenal Adán. Pero Dios tiene algo mejor para nosotros. Nos quiere libertar de los lazos del egoísmo y llenarnos con autocontrol, o autodisciplina, si lo deseas.

Si vamos a vivir esa vida cristiana vencedora tal como se lo describe en Romanos 8, debemos tener el poder del Espíritu Santo dentro de nosotros para que nos capacite para decir sí a las cosas correctas y no a las cosas incorrectas. La autodisciplina llena del Espíritu es suficiente para fortalecernos para alejarnos o huir, si fuera necesario, para cambiar el canal de televisión, para declinar la oferta de un compromiso, para poner las cosas importantes primero en la vida. A nadie le gusta predicar acerca de la autodisciplina, pero sin esta, fracasaremos como cristianos. Y aquí, en el camino de la condena a la muerte, Pablo nos recuerda que una de las bendiciones del Espíritu Santo es la autodisciplina. ¿Necesitas hacer una oración específica a lo largo de esta línea? Si es así, hazlo. Dios quiere liberarte del lazo del egoísmo.

Durante los primeros meses de ministerio como pastor principal de la Primera Iglesia del Nazareno en Denver, sentía cualquier cosa menos la llenura con poder, amor y autodisciplina. No había desobedecido a Dios en ningún tema, ni había dejado de leer la Biblia y orar. Mi problema era estrés, presión y ansiedad extrema, profundas dentro de mi ser.

El problema era que la iglesia a la que servía había entrado en crisis. Comenzó como una crisis financiera pero creció a otras cosas. Como el pastor líder de la iglesia, tuve que insistir en que los 12 autos alquilados para los miembros a tiempo completo del equipo se devolvieran al concesionario. Puedes imaginarte de qué forma eso aumentó el estado de ánimo del equipo. También tuve que gestionar el cierre de la escuela de la iglesia. Esto llenó de furia a los padres de los alumnos. Tenía que liderar el camino hacia un ajuste de cinturón, bajar los salarios (incluyendo el mío) y otras acciones demasiado difíciles y complejas como para describirlas aquí.

En medio de todas estas presiones un ayudante del comisario entró a mi oficina durante la semana de Navidad y preguntó si yo era James Diehl. Yo era lo suficientemente ingenuo y pensé que estaba llevando cajas de chocolates a todos los pastores del condado como una forma de decir "Feliz Navidad". Por lo tanto, con una gran sonrisa le dije: "Sí, Jim Diehl aquí". En vez de chocolates, me entregó unos papeles de una demanda interpuesta por un miembro antiguo del equipo que había dejado la iglesia hacía más de dos años. En la demanda cargaba contra la iglesia salario y discriminación sexual. La demanda era por miles de dólares y la iglesia no tenía cobertura de seguro para esto.

Me sentía todo menos lleno de poder santo, amor y autocontrol. Por el contrario, estaba lleno de ansiedad, confusión interna y temor. Los problemas eran demasiado grandes y complejos para mí. Me encontré orando para que el rapto viniera antes de la medianoche.

Unas semanas después, aún en medio de las pruebas que acabo de describir, entré a la oficina un viernes por la mañana y le dije a la secretaria que no podría predicar el domingo en mi estado mental. Sentía como si fuera a explotar. Le pedí que cancelara las citas del día, debido a que me iba a la cabaña que quedaba a una hora aproximadamente en la montaña y le dije: "¡Me voy para allá hasta que Dios haga algo por mí!" Sentía que no podía seguir un día más. La presión era abrumadora. Agregué: "¡Espero volver antes del domingo!"

Una vez en la cabaña, me adentré en el bosque y comencé a orar, llorar y orar. Le conté a Dios acerca de todas las imposibilidades que pesaban sobre mí y sobre la iglesia. Le recordé a Él que habíamos hecho todo lo que sabíamos hacer. Y encima de todo, ahora enfrentábamos una demanda que terminaba costándole a la iglesia una cantidad significativa de dólares. Le dije al Señor que deseaba no haber aceptado este pastorado nunca. No podía continuar. Todo era imposible.

Finalmente me senté en el tronco de un árbol, miré la ladera de una montaña y a través del valle hacia la cadena de montañas que estaba ante mí y confesé toda mi carga de temores al Señor.

A más de 3,000 metros de altura, en un lugar llamado Glaciar St. Mary, Dios me susurró: *¡No es tu iglesia! ¡Es mi iglesia! ¡Dámela a mí!* Vino a mi alma como un rayo de luz de sol brillante. "¡No es mi iglesia ¡No es mi iglesia! Alabado sea Dios, ¡no es mi iglesia!" Salté, comencé a patear ramitas y a alabar a Dios diciendo: "Lo olvidé, Señor. Continuaba pensando que era *mi* iglesia. ¡Perdóname! ¡Es *tu* iglesia! Por lo tanto, Señor, ¡tienes grandes problemas!"

Sin explicar todo lo que pasó en la montaña ese viernes, resumiré al decir que el Espíritu Santo sopló en una llama el don de Dios dentro de mí y encendió mi alma con fuego. Los lazos de temor se habían roto. Incluso los sentimientos de amargura, en especial hacia aquel que interpuso la demanda, fueron limpiados. Mi alma había recibido libertad en la ladera de la montaña en una tarde de viernes.

El siguiente domingo por la mañana prediqué a la congregación. ¿Sabes qué sucedió? A mitad del sermón, les conté acerca de la experiencia del viernes. Le conté a la gente acerca de la ansiedad, la presión interna y la confusión. Luego les dije de qué forma la voz quieta, pequeña del Espíritu me dijo: ¡Es *mi* iglesia! Hice una invitación a otros que tuvieran situaciones y problemas que los abrumaban. Los insté a que vinieran y que le dieran todo a Jesucristo en ese lugar. Todo el frente de ese santuario grande se llenó con personas que lloraban y oraban entregando cientos y cientos de situaciones que quitaban la paz al Señor. Fue una reunión que jamás olvidaremos. ¡Bendice el nombre del Señor!

El viernes siguiente el secretario de la junta de la iglesia me llamó. Era un presidente de banco y, de alguna forma, era

"El señor Nazareno" en Denver. Dijo con su voz de negocios: "Pastor, he recibido dos cartas esta semana acerca de su sermón del domingo pasado. Lo último que necesitaba eran dos cartas más. Quería contarme acerca de las mismas, a pesar de que yo no quería oír. Continuó: "Pastor, ambas cartas dicen lo mismo, a pesar de que están escritas con diferentes palabras. Decían: "¡No importa lo que cueste que el pastor vaya todos los viernes a la montaña, llévelo a la montaña!" Podríamos decir que el domingo pasado ese pastor ha estado con Dios en la montaña. ¡Envíelo de regreso allí todos los viernes!"

¿Qué era eso? Estaba tan santificado como sabía que podía estarlo, pero la ansiedad, la presión e incluso las heridas me habían robado el gozo, la paz, el poder e incluso el amor. Se lo di todo de vuelta a Dios en la montaña. *¡Él vino a reavivar la llama interna, santa!* Renovó mi poder, amor, e incluso la autodisciplina y toda la congregación pudo notar la diferencia.

Hoy, en este mismo instante, pídele al Espíritu Santo que avive la llama dentro de tu alma. Renuncia a todo y a cada persona que te ha herido y lastimado en tu espíritu. Déjalo ir. Dios quiere darte al menos tres bendiciones, y sin dudas muchas más, a través del poder de su Espíritu Santo: Poder, amor y autocontrol. El Espíritu está listo para soplar la llama del don de Dios en ti. ¿Estás listo para dejarlo ir y dejar que Dios obre?

Así como los niños, llorando,
nos traen los juguetes rotos para que los arreglemos,
Llevé mis sueños rotos a Dios
porque Él era mi amigo.

*Pero entonces, en vez de dejarlo
en paz trabajando solo,
me colgué a su arrrededor y traté de ayudar
con maneras que me son propias.*

*Al final los arrebaté y grité:
"¿Cómo puedes ser tan lento?"
"Mi hijo" —me dijo— "¿Qué podía hacer?
¡Nunca lo dejaste ir!"*

—Autor desconocido

8
VIVIR LA VIDA COMO UNA CELEBRACIÓN, A PESAR DE TODO

Paul G. Cunningham

Texto: Efesios 1:1-8

El apóstol Pablo escribió una vez:

> Pablo, apóstol de Jesucristo por la voluntad de Dios, a los santos y fieles en Cristo Jesús que están en Éfeso: Gracia y paz a vosotros, de Dios nuestro Padre y del Señor Jesucristo. Bendito sea el Dios y Padre de nuestro Señor Jesucristo, que nos bendijo con toda bendición espiritual en los lugares celestiales en Cristo, según nos escogió en él antes de la fundación del mundo, para que fuésemos santos y sin mancha delante de él, en amor habiéndonos predestinado para ser adoptados hijos suyos por medio de Jesucristo, según el puro afecto de su voluntad, para alabanza de la gloria de su gracia, con la cual nos hizo aceptos en el Amado, en quien tenemos redención por su sangre, el perdón de pecados según las riquezas de su

gracia, que hizo sobreabundar para con nosotros en toda sabiduría e inteligencia.

(Efesios 1:1-8)

Mientras leemos estas palabras de Pablo, reconocemos que tenía un espíritu de celebración. Encuentro esto un poco sorprendente debido a que escribió estas palabras desde la celda de una prisión. En vez de revolcarse en la autocompasión, obviamente celebraba a pesar de las circunstancias difíciles en las cuales se encontraba.

¿Cómo es que sucede esto? Es el resultado de algunos descubrimientos que Pablo había hecho en la vida y la buena noticia es que nosotros también podemos hacer estos mismos descubrimientos, para vivir la vida como una celebración a pesar de todo. Consideremos los descubrimientos que hizo Pablo y la relevancia potencial que esto tiene en nuestra vida.

El poder de Dios para salvarnos de los pecados.

El descubrimiento inicial de Pablo en su caminar con Dios lo llevó a una nueva forma de vivir. El mismo hecho de que descubrió que Dios tenía el poder para salvarlo y perdonarlo de los pecados hizo que comenzara una nueva vida para él. Incluso si ese hubiera sido el único descubrimiento que hizo, podría haber sido suficiente para permitirle vivir una vida de triunfo y adecuación a pesar de todo.

Mientras leemos estas palabras de la Escritura nos da la impresión de que Pablo ora sus pensamientos. Las palabras están llenas de gozo, poder y bendición, y nos cuenta algunas verdades poderosas. Dice que Dios mismo nos ha escogido para que seamos parte de la familia real.

Es algo maravilloso que te escojan, que te seleccionen, que te hallen digno de nombramiento.

La Iglesia del Nazareno que pastoreaba en Olathe, Kansas, nos envió a mi esposa Connie y a mí a Gran Bretaña para celebrar el vigésimo quinto aniversario de la iglesia. Fue un viaje maravilloso lleno de muchos puntos de interés.

La oportunidad que tuvimos de estar en Londres por unos días fue de interés especial. El hotel donde nos alojábamos estaba cerca del Palacio de Buckingham, donde vive la reina. Las caminatas que hacíamos con frecuencia nos llevaban al palacio. Una noche mientras caminábamos, pasamos por el palacio y descubrimos una gran cantidad de automóviles muy elegantes estacionados detrás del cerco adornado. Decidimos quedarnos cerca de la puerta cerrada para ver si alguien famoso salía del palacio. Esperamos un poco y pronto una bella princesa salió del palacio, se subió a uno de los autos conducido por un chofer y pasó por donde estábamos nosotros, saludando de esa manera especial que los soberanos han perfeccionado. Sonrió con dulzura y nosotros también le sonreímos y la saludamos mientras desaparecía por el boulevard.

Se me ocurrió que ella no había nacido en una familia real. Había sido escogida. Llegó a la familia a través del matrimonio. Como resultado de haber sido escogida, ella se paseaba en un auto con chofer, vivía en un palacio y recibía el tratamiento real como parte de una de las familias más ricas en el mundo.

Una verdad poderosa penetró mi pensamiento mientras me daba cuenta de que nosotros, también hemos sido escogidos para la familia real, la misma familia de Dios. La Palabra dice que Dios planeó por adelantado que nosotros

VIVIR LA VIDA COMO UNA CELEBRACIÓN, A PESAR DE TODO

fuéramos adoptados como sus hijos a través de Jesucristo. Como resultado, tenemos una posición, tenemos valor. Todo lo que necesitamos es recibir por fe el regalo de la salvación que Dios ya ha preparado para nosotros.

Dios nos quiere en la familia. No tenemos que abrirnos paso a los codazos hacia la mesa, ya se ha preparado un lugar. El gran deseo que tiene para con nosotros de que nos unamos a la familia real es tan intenso que su voluntad fue que su único Hijo derramara su sangre preciosa en una vieja y áspera cruz en sacrificio por nuestra salvación. Efesios 1:7 dice: "En quien tenemos redención por su sangre, el perdón de pecados según las riquezas de su gracia, que hizo sobreabundar para con nosotros". Pablo había hecho un gran descubrimiento y quería que nosotros también lo experimentáramos. Quería que entendiéramos que somos parte del plan de Dios para la salvación. Desde que Pablo tuvo esa experiencia en el camino a Damasco, se dio cuenta de que su vida estaba planeada. No estaba dando vueltas a la deriva en la vida, sino que había un propósito, tiempo y cumplimiento allí.

Y ahora, mientras escribe desde la celda de una prisión, Pablo no está desanimado o no se siente derrotado debido a que está convencido de que Dios obra en su vida y de que el Padre tiene todo bajo control.

Estas buenas noticias son emocionantes debido a que hay múltiples dividendos por ser salvos de nuestros pecados. Tenemos poder de resurrección para enfrentar los grandes desafíos de la vida. Más allá de eso, tenemos el don de la vida eterna, la seguridad de que cuando muramos iremos a vivir con Cristo por siempre.

Pero incluso más allá de estos elementos, tenemos acceso a Dios para todos los tesoros que son nuestra herencia en

Cristo. Tenemos recursos para enfrentar grandes desafíos. Y esto era, de hecho, lo que Pablo entendía de la vida con Cristo. Esto es lo que lo inspiró a escribir que podía hacer cualquier cosa a través de Cristo quien le dio la fuerza. Sí, Pablo vivía la vida como una celebración, a pesar de todas las cosas injustas que le sucedieron, cosas totalmente injustificadas. Vivía una vida de celebración debido al descubrimiento increíble que había hecho del poder de Dios para salvarlo de sus pecados. Esa seguridad valía todo. Si nada más le hubiera sucedido, ese sólo descubrimiento sería suficiente para motivarlo a vivir la vida como una celebración.

Un ministro amigo mío me contó una vez que los doctores habían descubierto que tenía un problema de corazón grave y que iba a tener que enfrentar una cirugía. Se le aconsejó que si tenía asuntos personales que resolver, necesitaba hacerlo antes de la cirugía, ya que existía una gran posibilidad de que no sobreviviera. Me dijo: "Paul, pensé y pensé, pero me di cuenta de que no tenía asuntos sin resolver, ni con Dios ni con nadie más. Mi experiencia está al día. Estaba listo para ir si esa era la voluntad de Dios".

Afortunadamente sobrevivió a la cirugía y continúa con nosotros en la actualidad. ¡Qué sentimiento maravilloso es saber que cuando vamos a la eternidad no tenemos asuntos sin resolver de los cuales nos tengamos que hacer cargo! Debido a la misericordia expiatoria de Cristo somos salvos por toda la eternidad.

El poder de Dios para santificarnos de forma completa.
En Efesios 1:4 leemos las palabras de Pablo que nos dicen que Dios nos ha escogido para que seamos santos y sin

mancha. Las palabras "santo" y "sin mancha" llaman a una separación en la vida que es limpia, pura y sin mancha.

Dios nos llama en Romanos 12:1 para que presentemos nuestra vida como sacrificio vivo a Dios, santo y aceptable. Sabemos que no podemos purificarnos a nosotros mismos, pero Dios puede, tal como Pablo lo descubrió. Dios puede incluso limpiarnos de la naturaleza pecaminosa y destructiva con la cual todos nacemos. Y eso es por lo que Pablo oró en 1 Tesalonicenses 5:23-24 cuando escribiéndoles a personas que ya eran cristianas dijo:

> ...el mismo Dios de paz os santifique por completo; y todo vuestro ser, espíritu, alma y cuerpo, sea guardado irreprensible para la venida de nuestro Señor Jesucristo. Fiel es el que os llama, el cual también lo hará.

Es Dios quien hace este trabajo en la santificación. Rendimos esa naturaleza caída, pecaminosa con la cual todos nacemos y Él nos bautiza con su Espíritu Santo. Todos vamos a ser llenos con algo, con nosotros mismos o con el precioso Espíritu Santo.

Cuando somos salvos de los pecados, somos perdonados de todos y cada uno de los pecados que hayamos cometido. Pero pronto nos damos cuenta de que la batalla no se ha terminado, que tenemos una naturaleza carnal, pecaminosa acerca de la cual habla la Biblia.

Pablo nos da instrucción acerca de la forma en la que debemos tratar con esta naturaleza carnal en Gálatas 5:24-25: "Pero los que son de Cristo han crucificado la carne con sus pasiones y deseos. Si vivimos por el Espíritu, andemos también por el Espíritu". Nos dice que se necesita una acción radical para tratar con la naturaleza pecaminosa, la cual nos mortifica hasta que tratamos con ella en forma definitiva.

¿Sabes lo que significa crucificar a alguien? Significa muerte para esa persona. Y debemos rendir la naturaleza pecaminosa al punto en que muramos al ser hasta que podamos decir, como dijo Pablo, que ya no vivimos nosotros, sino que es Cristo quien vive en nosotros. Es sólo el poder del Espíritu Santo de Cristo que puede tratar con nuestra naturaleza de pecado. Cuando somos salvos, nos ayuda a mantener la naturaleza a raya hasta que descubrimos la necesidad de librarnos de ella por completo. Cuando lo hacemos, rendimos la naturaleza caída, pecaminosa al Espíritu Santo, quien nos da una naturaleza nueva, una naturaleza santificada, la naturaleza de Dios mismo viviendo en nosotros a través de su Espíritu Santo. Podemos pasar el resto de nuestras vidas viviendo en consonancia con el Espíritu.

Podemos preguntarnos si es imposible volver a pecar. No, eso nos haría robots. Pero cuidado, porque el diablo está siempre dispuesto a soplar nueva vida en el cuerpo de nuestra naturaleza caída. Puede ser revivido si hacemos esa elección. Pero no va a suceder si vivimos nuestras vidas en consonancia con el Espíritu como Pablo nos aconseja que hagamos. El Espíritu nos mantiene fuertes y nos permite resistir las tentaciones del diablo.

¿Pero qué sucede si caemos? La respuesta es clara. Confesar el pecado. Arrepentirse. Ser restaurado y seguir andando. En otras palabras, arreglar la falla, y hacerlo de forma inmediata. No tienes que perder toda la madurez que has obtenido en el viaje de la vida. Arregla la falla y continúa el viaje. Es la voluntad de Dios que no pequemos, pero si lo hacemos, tenemos un abogado para con el Padre, quien intercede por nosotros. Él está ansioso por escuchar nuestra confesión, otorgarnos perdón y permitirnos seguir con nuestra vida. Esta experiencia no nos hace menos de lo que éramos, en cambio, tenemos más de lo que jamás soñamos posible. La buena noticia es que nosotros, también podemos hacer este mismo descubrimiento e invitar a Dios el Espíritu Santo para que nos santifique por completo, así como Pablo oró por la iglesia de Tesalónica.

No es ninguna sorpresa que Pablo vivía una vida de celebración a pesar de todo. Había hecho esos descubrimientos maravillosos acerca del poder de Dios para salvarlo de los pecados y acerca del poder de Dios para santificarlo por completo. Pero hay algo más.

Pablo descubrió el poder de Dios para sustentarnos en todos los desafíos de la vida.

Pablo comprendió que todos necesitamos una experiencia de "Camino a Damasco" por la cual somos salvos de nuestros pecados. En el momento en el que el Espíritu Santo nos bautiza en respuesta a la rendición total de nuestro ser, los resultados son pureza y poder para vivir.

Pablo sabía que la vida con Dios era un aprendizaje y proceso de crecimiento continuo, una aventura que dura toda la vida. Efesios 1:17-23 dice:

> ...para que el Dios de nuestro Señor Jesucristo, el Padre de gloria, os dé espíritu de sabiduría y de revelación en el conocimiento de él, alumbrando los ojos de vuestro entendimiento, para que sepáis cuál es la esperanza a que él os ha llamado, y cuáles las riquezas de la gloria de su herencia en los santos, y cuál la supereminente grandeza

de su poder para con nosotros los que creemos, según la operación del poder de su fuerza, la cual operó en Cristo, resucitándole de los muertos y sentándole a su diestra en los lugares celestiales, sobre todo principado y autoridad y poder y señorío, y sobre todo nombre que se nombra, no sólo en este siglo, sino también en el venidero; y sometió todas las cosas bajo sus pies, y lo dio por cabeza sobre todas las cosas a la iglesia, la cual es su cuerpo, la plenitud de Aquel que todo lo llena en todo.

Debemos ser verdaderos discípulos, esto es, aprendices de Cristo, nunca detenernos en el peregrinar con Él, sino conocerlo mejor cada día, madurando en la fe hasta que nos volvamos más fuertes a través de los desafíos que enfrentamos en la vida. Cuando hacemos esto, nos damos cuenta de que Él es un sistema de apoyo increíble. Escucha qué bueno que se siente:

> ...doblo mis rodillas ante el Padre... para que os dé, conforme a las riquezas de su gloria, el ser fortalecidos con poder en el hombre interior por su Espíritu; para que habite Cristo por la fe en vuestros corazones, a fin de que, arraigados y cimentados en amor, seáis plenamente capaces de comprender con todos los santos cuál sea la anchura, la longitud, la profundidad y la altura, y de conocer el amor de Cristo, que excede a todo conocimiento, para que seáis llenos de toda la plenitud de Dios. Y a Aquel que es poderoso para hacer todas las cosas mucho más abundantemente de lo que pedimos o entendemos, según el poder que actúa en nosotros, a él sea gloria en la

iglesia en Cristo Jesús por todas las edades, por los siglos de los siglos. Amén

(Efesios 3:14,16-21)

Él es verdaderamente el Dios de lo más inmensurable. Es un sistema de apoyo increíble. En cada tormenta que enfrentamos en la vida, Él es oportuno para permitirnos hacer un aterrizaje seguro.

Durante el tiempo en el que mi esposa, Connie, y yo servimos en África, tuvimos muchas experiencias maravillosas; pero también tuvimos algunos desafíos. Un domingo hermoso viajábamos a Ciudad del Cabo, Sudáfrica, nos dirigíamos a Johannesburgo. Ya había terminado la asamblea allí y nos habíamos quedado para predicar en una de las iglesias el domingo por la mañana.

El vuelo de Ciudad del Cabo a Johannesburgo normalmente toma alrededor de cuatro horas y tuvimos un clima hermoso la mayor parte del vuelo. Sin embargo, alrededor de tres horas después de salir, nos chocamos con una tormenta con rayos que venían sobre nosotros de todas las direcciones. Esperábamos que el aeropuerto de Johannesburgo no estuviera demasiado lejos y que pudiéramos atravesar la tormenta y estar bien. Las corrientes de viento llevaban el avión de un lado a otro, primero hacia arriba y después hacia abajo y luego de lado a lado. Temíamos estar en problemas graves. El capitán nos habló por el intercomunicador y nos dijo que un rayo había afectado el campo en Johannesburgo, los instrumentos del aeropuerto no funcionaban y probablemente tomaría otra hora restablecer la red de instrumentos necesaria para guiarnos a un aterrizaje seguro.

Esto no era lo que quería oír. No me molesta volar, he

volado miles y miles de kilómetros con el correr de los años. Pero nunca he desarrollado el gusto por volar con tormentas y esta, en particular, era una mala.

Pensé que sería una buena distracción mirar hacia afuera de las ventanas en el lado derecho de la aeronave, esperando que pudiera ver un poco de cielo azul que me diera seguridad de que quizá ya habíamos atravesado lo peor de la tormenta. Todo lo que vi fueron señas de violentos rayos de color verde y el cielo color amarillo. Decidí entonces que quizá encontraría algo de esperanza al mirar hacia el lado izquierdo de la aeronave. Esto para nada fue de ayuda. No sólo vi rayos y nubes de tormenta que parecían mortales, también pude ver las alas de nuestro Boeing 747 que se doblaban hacia arriba y hacia abajo, hacia arriba y hacia abajo. *Esto no puede ser algo bueno*, me dije a mí mismo.

Pensé en el pasado, cuando era un niño que iba a la escuela. Si me aburría, a veces tomaba un clip de la caja y lo torcía hasta que quedaba derecho. Después lo sostenía en el medio y lo doblaba rápidamente de un lado a otro hasta que se calentaba. Finalmente, se rompía. A este fenómeno se lo conoce como fatiga del metal. Reflexioné acerca de las alas del avión, al saber que estaban hechas de metal me pregunté cuántas veces se podrían doblar de un lado a otro ante de que colapsaran. Como puedes ver, no tengo necesariamente un pensamiento positivo acerca de la vida cuando vuelo en medio de una tormenta.

Casi en ese momento recordé que había visto un video producido por la empresa Boeing, los fabricantes de esa misma aeronave. El Boing 747 era la aeronave de pasajeros más grande del mundo en ese momento. La empresa estaba muy orgullosa de su avión y había creado un video para mostrar todas las fases de la aeronave. Esto incluía la fase del diseño, la fase de ingeniería y, la que más me importaba en ese momento, la fase de prueba. Boeing había construido un prototipo de la aeronave y estaba en el hangar gigante atravesando diversas pruebas. Filmaron la parte de la prueba de las alas, habían construido un dispositivo de abrazadera gigante con un brazo largo debajo del ala y otro por encima de ella. El ala entonces, fue doblaba por la fuerza para descubrir si podría mantenerse bajo la presión que estaba diseñada para soportar. La doblaban más y más y no se rompía. Se detuvieron en un momento y dijeron que el ala había excedido todas las expectativas de ingeniería. Luego, duplicaron la fuerza y la rompieron intencionalmente después de haber demostrado la capacidad para soportar la fuerza de cualquier tormenta conocida.

Fue entonces que me di cuenta de algo. La aeronave no estaba construida para volar en un clima favorable. Estaba construida para tormentas como en la que estaba, y peores. Esas alas poderosas estaban diseñadas para doblarse pero no romperse. Alrededor de una hora después hicimos un aterrizaje seguro en Johannesburgo con las alas aún intactas y los pasajeros seguros.

Después se me ocurrió que esta es la forma en la que estamos con el impresionante sistema de apoyo de Dios. Nos ha diseñado para que disfrutemos de los días de clima agradable y también para que nos doblemos pero sin rompernos cuando enfrentemos las tormentas difíciles de la vida. Esto, también fue un descubrimiento del apóstol Pablo. Reconoció que durante las experiencias duras de la vida que venían de vez en cuando, aunque él se doblaba algo, no tenía que romperse. Su Salvador, su impresionante sistema de apoyo, siempre lo llevaba seguro.

No es para sorprenderse que viviera la vida como una celebración a pesar de todo. Él había hecho esos descubrimientos asombrosos: El poder de Dios para salvarlo de los pecados, el poder de Dios para santificarlo por completo y el poder de Dios para apoyarlo en todos los desafíos de la vida.

La buena noticia es que puede ser igual para todos nosotros. Te invito a que compartas estos descubrimientos que le permitieron a Pablo vivir una vida tan victoriosa. Su victoria a través de Cristo puede ser nuestra victoria en la actualidad.

9
REVESTIDOS POR EL ESPÍRITU SANTO

Jerry D. Porter

Texto: Hechos 2:1-13

¿Cuál es el día más importante en el calendario cristiano? ¿La Navidad, cuando Dios se hizo carne y se mudó a nuestro vecindario? ¿El viernes Santo, cuando Jesús fue el Cordero que fue sacrificado en nuestro lugar? ¿O es la Pascua, cuando nuestro Señor resucitó de los muertos?

Propongo que Pentecostés fue el momento que marcó un hito en la vida de la iglesia. A pesar de la encarnación del Señor, la vida, el ministerio, la enseñanza, los milagros, la muerte y la resurrección, los discípulos aún estaban atemorizados, se juntaban, ansiosos, detrás de las puertas cerradas. Fue a este grupo de personas atemorizadas que el Espíritu Santo de Dios se dio por completo. Sin el día de Pentecostés, no estaríamos aquí en la actualidad. Esos primeros cristianos hubieran permanecido escondidos.

Imagina que eres una de las 500 personas que vieron a Jesús después de la Resurrección y también uno de los 120 que tuvieron la valentía de regresar a la ciudad donde habían crucificado a Jesús hacía menos de dos meses. Has estado orando durante 10 días mientras esperas con los otros la llegada del Espíritu Santo, a pesar de que no estás totalmente seguro de lo que significa.

> Cuando llegó el día de Pentecostés, estaban todos unánimes juntos. Y de repente vino del cielo un estruendo como de un viento recio que soplaba, el cual llenó toda la casa donde estaban sentados; y se les aparecieron lenguas repartidas, como de fuego, asentándose sobre cada uno de ellos. Y fueron todos llenos del Espíritu Santo, y comenzaron a hablar en otras lenguas, según el Espíritu les daba que hablasen. Moraban entonces en Jerusalén judíos, varones piadosos, de todas las naciones bajo el cielo. Y hecho este estruendo, se juntó la multitud; y estaban confusos, porque cada uno les oía hablar en su propia lengua. Y estaban atónitos y maravillados, diciendo: Mirad, ¿no son galileos todos estos que hablan? ¿Cómo, pues, les oímos nosotros hablar cada uno en nuestra lengua en la que hemos nacido? Partos, medos, elamitas, y los que habitamos en Mesopotamia, en Judea, en Capadocia, en el Ponto y en Asia, en Frigia y Panfilia, en Egipto y en las regiones de África más allá de Cirene, y romanos aquí residentes, tanto judíos como prosélitos, cretenses y árabes, les oímos hablar en nuestras lenguas las maravillas de Dios. Y estaban todos atónitos y perplejos, diciéndose unos a otros: ¿Qué quiere decir esto? Mas otros, burlándose, decían: Están llenos de mosto.
>
> (Hechos 2:1-13)

En el nacimiento de Jesús se experimentaron milagros, el nacimiento virginal, los mensajes angelicales a los pastores, a

María y otros. De forma similar, tres milagros significativos acompañaron la dispensación del Espíritu Santo. El primer milagro fue el sonido explosivo de un viento recio. Luego fueron las lenguas de fuego, visibles sobre cada uno de ellos. Finalmente, estos judíos comenzaron a adorar a Dios en la lengua de los gentiles. ¿Qué es lo que estos milagros nos dicen acerca de lo que Dios quiere hacer en nuestras vidas cuando experimentamos nuestro Pentecostés personal?

Primero, fue el ruido de un viento recio que soplaba. Jerusalén estaba llena de judíos que habían viajado allí para celebrar la fiesta de la Pascua. Muchos de ellos estuvieron 50 días para la celebración de Pentecostés. Después de dos meses con sus primos, se sentían aburridos y buscaban alguna novedad acerca de la cual hablar. Cuando oyeron el viento explosivo, miles de judíos curiosos corrieron hacia el sonido. Como las campanas de una iglesia, llamaba a las personas a una reunión en la calle, allí Pedro predicó en un lenguaje que todos pudieron entender y ¡tres mil personas abrazaron la fe en Jesucristo como el Mesías!

El viento no sólo llamó a las personas a la "iglesia", sino que también era Dios que jugaba con las palabras. La palabra hebrea para viento y espíritu es *ruah*. Cuando la oyeron, algunos exclamaron "¡Oigan el viento! ¡El viento santo, el Espíritu Santo, ha venido!" El viento poderoso elevó la fe de ellos hasta el punto de expectativa. En ese momento estaban todos llenos con el Espíritu Santo. Esto cumplió la profecía de Jesús: "...pero recibiréis poder, cuando haya venido sobre vosotros el Espíritu Santo, y me seréis testigos en Jerusalén, en toda Judea, en Samaria, y hasta lo último de la tierra" (Hechos 1:8). La trascendencia primaria del viento poderoso es que el Espíritu de Dios nos da *poder para testificar*.

¿Qué poder necesitamos en la iglesia? ¿Necesitamos poder para hacer espectáculos fascinantes o manifestaciones atemorizantes? La iglesia de la actualidad necesita el poder del Espíritu Santo que capacitará y movilizará a cada uno de nosotros como testigos. En el libro de Hechos cuando encontramos el término "poder" y "Espíritu Santo", de manera invariable encontraremos la palabra "testigo". El poder del Espíritu Santo en la vida del creyente nos da *poder para testificar*.

El segundo milagro absolutamente espectacular. No sabemos si era una bola de fuego grande con lenguas sobre cada cabeza o si eran lenguas de fuego individuales que eran visibles sobre cada persona. De cualquier manera, este milagro nos recuerda que no hay personas de segunda clase o inferiores. Había 120 personas y 120 lenguas de fuego. Hombres y mujeres, jóvenes y ancianos, ricos y pobres, educados y analfabetos, ¡todos recibieron la llenura del Espíritu Santo!

Joel profetizó que este día vendría. En el Antiguo Testamento, el Espíritu era dado a un profeta quien profetizaba y luego el Espíritu se retiraba. El Espíritu vino sobre Sansón y luchó con fuerza, pero luego el Espíritu se retiró. El Espíritu se les daba a ciertas personas para tareas específicas. Pero Joel profetizó:

> Y después de esto derramaré mi Espíritu sobre toda carne, y profetizarán vuestros hijos y vuestras hijas; vuestros ancianos soñarán sueños, y vuestros jóvenes verán visiones. Y también sobre los siervos y sobre las siervas derramaré mi Espíritu en aquellos días.
>
> (Joel 2:28-29)

La profecía de Joel se cumplió en el Día de Pentecostés. ¡Cada creyente es un candidato para la llenura del Espíritu Santo!

El fuego en la Biblia representa la limpieza. Los pecados de Isaías fueron limpiados cuando el ángel tomó el carbón del altar de Dios y le tocó los labios (Ver Isaías 6:6-7). A lo largo de toda la Escritura el fuego simboliza purificación y limpieza. El apóstol Pedro comparó el Pentecostés de Cesarea y el Pentecostés de Jerusalén, diciendo que Dios "ninguna diferencia hizo entre nosotros [los judíos] y ellos [los griegos], purificando por la fe sus corazones" (Hechos 15:9). Necesitamos *pureza personal*.

El segundo milagro es acerca de la pureza. Necesitamos purificarnos de toda actitud y espíritu anticristiano, todo lo que en nosotros es rebelde y antagónico a Jesús. Nuestro Señor murió en la cruz para transformarnos a su semejanza. Jesús no murió en la cruz para que permaneciéramos en esclavitud a la naturaleza pecaminosa, sino para que nuestros corazones sean purificados por medio de la fe. Necesitamos *pureza personal*.

Este milagro de fuego testifica que Dios purificará nuestras vidas y llenará los corazones con el amor de Dios. Juan Wesley enseñó que Dios llena los corazones con perfecto amor de forma tal que disipa todo lo demás. "Pero si andamos en luz, como él está en luz, tenemos comunión unos con otros, y la sangre de Jesucristo su Hijo nos limpia de todo pecado" (1 Juan 1:7). Necesitamos *pureza personal*.

El tercer milagro tuvo lugar cuando los 120 judíos levantaron los brazos y comenzaron a adorar a Dios. Para sorpresa suya, adoraban a Dios en lenguas gentiles. Este milagro era para transformar a los judíos para que pudieran proclamar a Jesús como el Mesías, ¡no sólo de la nación de Israel sino de todas las naciones, todos los pueblos y todas las lenguas en cualquier lugar!

Los judíos hablaban de los gentiles como "perros" y en el Día de Pentecostés Dios forzó a estos hijos de Abraham a adorar en ¡la lengua de los "perros"! Este milagro simbolizaba la obra del Espíritu Santo que atravesó el prejuicio racial para que pudieran compartir este mensaje a nivel global.

Una de mis memorias más atesoradas fue el privilegio que tuve al ordenar a cuatro ancianos nazarenos árabes en el Jordán. Ensayé para poder hacerlo en árabe y estaba muy emocionado cuando ordené a estos hermanos en uno de los idiomas que se habló en el Día de Pentecostés.

Piensa en la enemistad que existe entre la nación de Israel y el mundo árabe. En el Día de Pentecostés no había ninguna enemistad presente. Uno o más judíos adoraban a Jehová en árabe.

No sabemos cuántos idiomas se hablaron. Lucas registra más de 16 grupos de idiomas. Mi teoría es que se hablaron 120 idiomas diferentes. Los turistas judíos bilingües exclamaron "¡Adorábamos a Jehová en nuestra lengua comercial!" Nadie pensaría en adorar a Jehová en una lengua gentil. Si fueras gentil, tendrías que aprender algunas palabras en la "lengua de Dios" para adorar a Jehová.

Pienso que esos judíos exclamaron: "¡Bendito sea el Dios de Abraham, Isaac y Jacob, quien nos ha dado a Jesucristo, nuestro Mesías!" El español es un idioma hermoso para la adoración. Lucas no hace ningún registro acerca de que se haya hablado inglés, pero puedo imaginarme a uno de esos cristianos gritando "*¡Blessed be the God of Abraham, Isaac, and Jacob, who has given us Jesus Christ, our Messiah!*" ["¡Bendito sea el Dios de Abraham, Isaac y Jacob, quien nos ha dado a Jesucristo, nuestro Mesías!"].

Dios impuso el milagro de las lenguas para permitir que esos cristianos judíos supieran que Jesús es el Mesías para todas las lenguas, para todas las personas, en cualquier lugar. Todos estamos incluidos. Este tercer milagro nos recuerda que necesitamos pasión misionera. Las personas llenas del Espíritu son más que americanas, africanas o coreanas. ¡Somos cristianos globales! Estamos llenos con el Espíritu Santo de Dios para ir más allá de nuestro pueblo, cultura y lengua. *Necesitamos pasión misionera.*

Es interesante notar que dos de los tres milagros de Pentecostés tienen mayor alcance que los otros: Poder para testificar y pasión misionera. Un milagro es acerca de la pureza del corazón. Desafortunadamente, el movimiento de santidad con frecuencia se ha reducido al mensaje de Pentecostés de ese poder y pureza. Hemos enseñado que el primer milagro era "poder para vivir una vida santa" y el segundo milagro era "pureza de corazón". Por lo tanto, la persona llena del Espíritu se ha enfocado sólo en la pureza personal y no en testificarle a todo el mundo. Se nos ha dado poder para testificar a los vecinos cercanos quienes piensan y hablan de la misma forma en la que lo hacemos nosotros. Pero también debemos compartir a Cristo más allá de nuestra propia cultura y lengua, con todos los pueblos en todos los lugares.

¿Qué hay acerca de la iglesia de Jerusalén y del primer milagro, recibir poder para testificar? Estos cristianos tímidos comenzaron a testificar de forma audaz en las calles, en el Templo, en las casas y en los mercados. Imagina a los creyentes en la Vía Dolorosa diciendo: "El que fue crucificado se ha levantado de los muertos. ¡Es el Mesías!" El resultado de ese primer milagro, poder para testificar, fue claramente evidente en la iglesia del Nuevo Testamento.

La iglesia también evidenció el segundo milagro de corazones limpiados con fuego. Los miembros eran conocidos por la transparencia del corazón y por el amor mutuo. Se veía una mínima hipocresía en la iglesia. Una pareja que mintió acerca de su donación murió en el mismo lugar, y los jóvenes tuvieron que enterrarlos. Cuando las personas dicen una mentira en la iglesia y mueren de forma instantánea, ¡la hipocresía se evapora! Estos primeros creyentes dieron evidencia de la pureza de corazón.

Creo, no obstante, que podemos apagar al Espíritu, nos podemos salir del camino o resistir al Espíritu. Creo que estos creyentes judíos llenos del Espíritu resistieron el tercer milagro. No estaban capacitados o no deseaban abrazar a los gentiles como iguales en la fe. Eran tres mil convertidos, luego cinco mil y sacerdotes, todos judíos. Tenían una "iglesia cristiana judía preciosa" con membrete y tarjetas de presentación. ¡Lo estaban haciendo muy bien!

> Y perseverando unánimes cada día en el templo, y partiendo el pan en las casas, comían juntos con alegría y sencillez de corazón, alabando a Dios, y teniendo favor con todo el pueblo. Y el Señor añadía cada día a la iglesia los que habían de ser salvos.
>
> (Hechos 2:46-47)

Luego algo extraño sucedió. Sin el permiso de la iglesia, Felipe, un secular, fue guiado por el Espíritu a Samaria y un avivamiento poderoso se manifestó. Los apóstoles confundidos enviaron a Pedro y a Juan para determinar qué era lo que sucedía con este alcance misionero no autorizado.

> Cuando los apóstoles que estaban en Jerusalén oyeron que Samaria había recibido la palabra de Dios, enviaron allá a Pedro y a Juan; los cuales, habiendo venido, oraron por ellos para que recibiesen el Espíritu Santo; porque aún no había descendido sobre ninguno de ellos, sino que solamente habían sido bautizados en el nombre de Jesús. Entonces les imponían las manos, y recibían el Espíritu Santo.
> (Hechos 8:14-17)

La iglesia judía no entendía que Jesús era también el Mesías samaritano. Tendrían que volver a hacer el membrete para que dijera "Iglesia Cristiana judío-samaritana".

Luego, Pedro tuvo una visión horrible en la que un lienzo bajaba lleno de animales impuros. Dios le dijo: "Mata y come". Pedro respondió: "No, no está autorizado por la ley judía". ¡Nunca se había comido un sándwich delicioso de jamón y queso! Dos veces más el lienzo descendió y todas las veces Pedro insistió: "No comeré eso. Soy judío". Entonces Dios le dijo: "No llames impuro a lo que yo he santificado. Ve a la casa de Cornelio y predica". Justo entonces, tres griegos estaban a la puerta.

"¿Hay alguien aquí llamado Simón Pedro? Servimos a Cornelio, quien teme a Dios. En una visión Dios reveló que debíamos buscar a Simón Pedro en este domicilio". Pedro se dio cuenta de que esto era de Dios, entonces viajó a Cesarea. Tomó a algunos judíos a lo largo del camino para proteger su reputación. Cuando entró a esta casa gentil, encontró a un grupo de griegos adoradores de Jehová. Hizo lo que cualquier buen predicador haría. Comenzó desde Génesis siguiendo hasta Malaquías, proclamando, "¡Jesús es el Mesías!" Mientras predicaba, ¡Dios interrumpió el sermón y el Espíritu Santo se derramó sobre los griegos!

No hubo un viento poderoso o un fuego visible. El tercer milagro, no obstante, se repitió mientras estos griegos llenos del Espíritu comenzaron a adorar a Dios en muchos idiomas diferentes. Ahora Pedro tenía alguna explicación que dar. En una sesión especial del consejo general, dio una explicación detallada y cuidadosa de la visión, del lienzo y de los animales impuros. Finalmente informó que mientras estaba predicando fueron llenos con el Espíritu. ¡Pedro no tenía la intención de hacer un llamado al altar para los griegos! Vio esta tarea como un desvío extraño y breve antes de regresar a los "elegidos". Pedro les informó a los colegas:

> Si Dios, pues, les [a los griegos] concedió también el mismo don que a nosotros... ¿quién era yo que pudiese estorbar a Dios? Entonces, oídas estas cosas, callaron, y glorificaron a Dios, diciendo: ¡De manera que también a los gentiles ha dado Dios arrepentimiento para vida!
> (Hechos 11:17-18)

La tercera y última vez que encontramos este milagro de lenguas en el libro de Hechos es cuando el misionero Pablo estaba en Éfeso con 12 creyentes. Descubrió que habían sido bautizados en el bautismo de Juan para arrepentimiento pero no sabían acerca del bautismo del Espíritu Santo. Pablo oró por ellos, y fueron llenos con el Espíritu Santo. Cuando comenzaron a adorar a Dios, no lo hicieron en latín sino en 12 lenguas diferentes.

¿Por qué se repitió este milagro? En Éfeso y en Cesarea no hubo fuego poderoso o lenguas de fuego. El Señor repitió el tercer milagro para vencer la resistencia racial en la iglesia de llevar el mensaje a todas las personas en cualquier lugar. Las palabras "Jesucristo, rey de los judíos" estaban inscriptas en la cruz en tres idiomas, el de los judíos, el de los griegos y el de los romanos. El milagro de las lenguas se dio en Jerusalén, en Cesarea y en Éfeso en esos mismos idiomas. El mensaje es claro: Este Espíritu Santo se da a todas las personas, a todas las culturas y a todas las lenguas.

Necesitamos la llenura del Espíritu en la iglesia en la actualidad. Necesitamos poder para testificar. También necesitamos el fuego de Pentecostés que limpiará la iglesia. Finalmente, necesitamos la pasión misionera para que por la gracia de Dios, de forma literal amemos a las personas que Dios ama y alcancemos a todas las personas en todo lugar. ¡Necesitamos ser llenos con el Espíritu Santo y experimentar nuestro Pentecostés personal!

A veces, los creyentes desean dones espirituales que ven en otros. Sin embargo, los dones espirituales Dios los da como Él quiere para el bien de la iglesia. En vez de buscar dones espirituales, necesitamos buscar el *don*, el Espíritu Santo de Dios.

Serví como director del seminario en Costa Rica y viajé a otros países para dar clases del seminario por extensión. Siempre regresaba a casa con juguetitos para mi hijo e hija pequeños. Un día, mientras el avión aterrizaba en San José, me di cuenta de que me había olvidado de comprar los regalos para los niños. Pensé que mi esposa podría llegar tarde y por lo tanto podría comprar algo en el aeropuerto. Pero cuando salí de la aduana, estaba mi esposa preciosa y mis hijos que saltaban. El saludo del pequeño Billy fue:

—Papi, ¿qué me trajiste?— cometí un error terrible. Me puse de rodillas y le dije:

—Te traje el mejor regalo de todos.

¡Ahora él y Amy estaban estáticos!

—¡Abre la valija, papi! —rogaba. Abrí los brazos y exclamé:

—¡Yo soy el regalo! No les traje juguetes pequeños, les traje un regalo grande. ¡Estoy en casa! ¡Podemos jugar a la escondida! ¡Los puedo arrojar al aire! No necesito pilas. ¡Yo soy el mejor regalo!

Nunca olvidaré lo desilusionados que estaban. Aún puedo oír la respuesta de Amy:

—Papi, eres gracioso. Ahora danos los regalos.

Me temo que a veces entristecemos al Señor cuando oramos, Señor, quiero aquel o tal don. Nos olvidamos de que el apóstol Pablo enseñó que Dios da los dones espirituales de la forma en la que Él elige. En vez de buscar estos dones espirituales, busquemos *el* don, el *gran don*, el Espíritu Santo. Él tiene todos los dones con Él. Enfoca la atención no en los dones sino en el fruto del *don*. Contra tales cosas no hay ley. No hay necesidad de pastores que orquesten o guíen el fruto del Espíritu: "Amor, gozo, paz, paciencia, benignidad, bondad, fe, mansedumbre, templanza" (Gálatas 5:22-23).

¿Cuándo nos santificamos por completo, seremos árboles inmediatamente maduros que llevan amor, bondad y fe? La verdad es que la llenura del Espíritu en un momento de gracia limpia el jardín de la basura de la naturaleza del pecado. Luego, el Espíritu planta en nuestras vidas las semillas preciosas del amor, gozo, mansedumbre y otros dones.

Mientras nos mantenemos en sintonía con el Espíritu, crecemos eternamente a la semejanza de Jesús.

Me casé con Toni en 1971. Les aseguro que casarme fue una experiencia de crisis, lo cual por definición significa "evento psicológico memorable". En el casamiento mis emociones estaban por las nubes mientras el predicador me hacía preguntas, respondía de forma enfática "¡Sí!" ¿Eso es todo lo que se necesita para casarse? En la actualidad estoy casado, no sólo porque intercambié votos en el altar en Pensilvania. Estoy casado en la actualidad porque todos los días continúo tomando decisiones que afirman y fortalecen esos votos. Cada día esa relación se hace más rica, fuerte, profunda y más significativa. ¡La amaba cuando me casé con ella, pero amo a mi alma gemela aún más hoy!

La entera santificación es un momento de Dios, Pentecostés, cuando Él nos otorga *poder para testificar, pureza personal y pasión misionera*. De forma desesperada necesitamos esta experiencia transformadora de Pentecostés seguida por un crecimiento que dura toda la vida en gracia, mientras cada día, de forma continua, el Espíritu Santo de Dios nos vuelve a llenar y a refrescar. Necesitamos *poder para testificar, pureza personal y pasión misionera*, no sólo una vez sino todos los días. Necesito un viento fresco del Espíritu que me impulse a compartir mi testimonio. Ruego para que el fuego nuevo y purificador limpie mi corazón y mi vida de cualquier orgullo o amargura que pueda surgir. Oro por una pasión misionera renovada para vencer la tentación de menospreciar a las personas de otras culturas.

J. T. Seamands, el ya fallecido misionero de la India, enseñó que la santificación no es como un vaso lleno con agua. Más bien, dijo, es parecido a tocar el fondo del vaso.

Nuestra vida se convierte en un cilindro que se sumerge en el río del Espíritu Santo de Dios que es transparente y que fluye. ¿Estamos llenos del Espíritu? Sí, pero es fresco y se mueve de forma constante como ríos de agua viva que fluyen de nuestra vida. Por la gracia de Dios, somos santificados y continuamos siendo santificados mientras crecemos a la semejanza de Jesucristo.

Señor, confieso mi necesidad profunda de un Pentecostés personal. Necesito poder para testificar. Anhelo la fuerza personal. Otórgame la pasión misionera por todos los pueblos. Permite que la llenura de tu Espíritu me transforme eternamente a tu semejanza. Oro en el nombre de Cristo. Amén.

10
LA PROMESA DE LA SANTIDAD
Jesse C. Middendorf

Texto: 1 Pedro 1:13-24

Cuando estamos forzados a caminar a través de las arenas movedizas del caos cultural, necesitamos saber dónde encontrar tierra firme. Cuando todos los días traen otra historia de fracaso moral entre los líderes de la tierra, cuando las instituciones del hogar y de la familia, que una vez fueron valoradas, son atacadas y se las acusa de ser opresivas y arcaicas, cuando el relativismo moral pone en duda las conjeturas básicas de lo que está bien y de lo que está mal necesitamos algo que nos mantenga firme mientras azotan las tormentas.

Era en un mundo no muy diferente al nuestro en el cual el apóstol Pedro escribió esta primera de sólo dos cartas que llevan su nombre. Las regiones de Ponto, Galacia, Capadocia, Asia y Bitinia estaban ubicadas en lo que ahora es la nación de Turquía costeando el Mar Negro. Estas áreas eran parte del Imperio Romano y como muchas de las regiones bajo el dominio de ese imperio, eran centros de diversidad étnica, cultural, lingüística y religiosa.

Estas regiones a las cuales se dirigía la carta, aunque estaban ubicadas una cerca de la otra, estaban aisladas a nivel cultural. La alianza incómoda que el gobierno romano les había impuesto no reducía las tensiones que habían caracterizado a esa parte del mundo durante siglos. Competían por el dominio en el comercio, poder e influencia, las regiones estaban en conflicto en casi todos los niveles de existencia.

La propagación de la fe cristiana en esas regiones era el resultado de la obra misionera del apóstol Pablo y de su grupo de evangelistas pioneros. Ningún límite era demasiado alto para que lo cruzaran. Ninguna cultura era demasiado extraña como para que no quisieran llevarle el mensaje de esperanza y transformación a través de Cristo.

En algunos lugares el mensaje del evangelio echó raíces y en algunos de esos lugares estas raíces se propagaron con una rapidez increíble. Las vidas se cambiaron, las culturas se alteraron y las naciones fueron redirigidas.

En otros lugares la fe cristiana luchó por un punto de apoyo. La resistencia al mensaje podía ser intensa. En algunas ocasiones la persecución, la opresión y el odio hizo casi imposible que los seguidores del Cristo resucitado permanecieran. Muchos creyentes encontraron necesario huir de su tierra para poder sobrevivir.

En lugares en los cuales el evangelio encontró una audiencia, las personas fueron transformadas y los creyentes formaron confraternidades donde adoraban e invitaban a otros a que se les unieran. Incluso entonces, no siempre fue fácil. Es obvio al leer a través de la carta de 1 Pedro que los seguidores de Jesucristo en las regiones a las que Pedro se refiere enfrentaron al menos resistencia abierta, si no persecución categórica.

La fe de ellos era extraña. La historia de un Salvador resucitado se oía con escepticismo y los esfuerzos para vivir una vida nueva de fe se encontraba con una oposición desalentadora. Lucharon por saber de qué forma responder. ¿Se rendirían al desánimo y al abatimiento? ¿Esconderían la fe bajo un velo de estoicismo y tratarían se sobrevivir en silencio? ¿O hallarían en la fe recién descubierta los recursos de gracia que los verían superar, no sólo para su supervivencia sino también para una victoria espiritual e influencia significativa en la cultura que los rodeaba?

En el verano de 2008 tuve el privilegio de viajar a través de una gran nación de Asia con tres amigos. Estuvimos allí durante el período final de preparación intensa para los juegos internacionales que tendrían lugar en unos días. Pudimos visitar las tres ciudades más grandes de esa tierra admirable. Ciudades en las cuales la economía creciente y la evidencia del ascenso de la prosperidad financiera personal eran obvias en cada rincón. No estábamos allí para hacer un contacto oficial con nadie, excepto para sondear posibles puertas abiertas donde el personal de ministerios de compasión podría proveer asistencia en tiempos de desastre natural u otra necesidad grave.

Mientras estábamos allí, conocimos algunos creyentes valientes cuya fe se vive bajo intensa opresión y resistencia. Ellos adoran de forma tranquila en hogares, con frecuencia enfrentan la posibilidad de que un visitante pueda ser un "agente" enviado para espiar las actividades. Sería fácil para un cristiano tal vivir con temor e intimidación y no hablar de su fe para nada. Y sin embargo, en esa tierra increíblemente diversa con toda la intolerancia oficial y pública hacia el cristianismo, estos creyentes viven de forma victoriosa, efectiva y con gran valentía espiritual y moral. Multitudes de nuevos creyentes vienen a la fe, centros de adoración y discipulado surgen, y nuevos líderes jóvenes se están desarrollando.

¿Qué es lo que hace tan fuertes a estos creyentes valientes? ¿Qué es lo que le da a Summer, una joven pastora de personas que se reúnen en casas, llena de vida, la pasión santa de atravesar la cultura con determinación tenaz para plantar una iglesia en una casa en cada edificio de departamentos en una ciudad de muchos millones? Una santidad pura parece caracterizar a estas personas. Parecen poseídos por una calidad de espíritu invencible que se detecta de forma inmediata cuando los conoces.

La belleza de espíritu, el celo santo no sucede de forma natural. Es un don. Es gracia. Y está disponible para ti y para mí.

En la carta que Pedro escribió a los creyentes que enfrentaban la presión de una cultura contraria a su fe, les ofrece una esperanza increíble: "elegidos según la presciencia de Dios Padre en santificación del Espíritu, para obedecer y ser rociados con la sangre de Jesucristo: Gracia y paz os sean multiplicadas" (1 Pedro 1:1-2).

Esta gracia asombrosa está disponible para ti y para mí, pero no es una espiritualidad abstracta y difícil que debemos crear o cultivar a través de nuestro propio esfuerzo humano. Es el regalo de su presencia. Es el regalo de una persona.

El resultado de este regalo precioso es la capacidad de vivir una vida santa. Es una vida llena con el poder del Espíritu Santo, que nos provee recursos internos para vivir de forma victoriosa frente al caos cultural que nos rodea. Es la vida de santidad. Es una vida dinámica que enfrenta las presiones de vivir en un mundo real con resistencia, que crece a la semejanza de Cristo y que está aferrada por la esperanza.

La preparación para la santidad.
Pedro animó a los lectores para que realizaran una preparación intencional para la venida del Espíritu de Cristo en su plenitud. Nos impulsa a preparar las mentes para la acción y para disciplinarnos a nosotros mismos.

Para muchos de nosotros, los primeros días de nuestros viajes espirituales se caracterizan por la respuesta alegre a la gracia asombrosa de Dios. Los pecados son perdonados y el gozo es suficiente para impulsarnos hacia adelante con un alivio indescriptible. La culpa se va. Se nos ha elegido y adoptado en la familia de Dios. El poder transformador del Espíritu de Cristo nos da una energía espiritual que jamás hemos conocido. Sentimos como si pudiéramos conquistar el mundo con el solo movimiento de nuestras manos. Estamos encendidos por Dios.

Con el tiempo, la vida se entromete en nuestra alegría. Las luchas ocurren y las tentaciones, por cientos, comienzan a lanzarse sobre los esfuerzos de vivir de acuerdo con la fe recién encontrada. Nos volvemos a la Palabra, a la oración y a nuestros amigos cristianos. —¡Ayúdame! —gritamos.

Pronto oímos las palabras conmovedoras de aliento, de desafío, de fortaleza, de ánimo. —¡Aguanta allí! —dicen—. Dios te va a ayudar. Confía en Él y disciplina tu ser.

Disciplina tu ser. Lo oímos con frecuencia y es una exhortación maravillosa y apropiada. Hay una medida necesaria de disciplina para vivir la vida cristiana. Tenemos que deshacernos de hábitos antiguos. Palabras, pensamientos, prácticas, relaciones que una vez parecían normales ahora comienzan a sentirse fuera de lugar e inapropiadas.

Hábitos y prácticas nuevas se deben formar y moldear, con frecuencia con un sentido de dificultad. Leer *la Biblia* de forma regular no es tan fácil como pareció una vez, pero comienza a parecer más necesario. La oración también es necesaria pero tan difícil de entender y hacerse tiempo para ella. Y cultivar relaciones nuevas y más sanas toma mucho más trabajo del que habíamos esperado. Se hace obvio que el trabajo de ser cristiano es mucho más demandante que lo que nos dimos cuenta.

"Disciplínate", dice Pedro. Puede comenzar a salir a la superficie la impresión que a pesar de haber sido salvos por la asombrosa gracia de Dios, nos va a tomar mucho trabajo bueno y duro el experimentar una relación más profunda con Él. Sabemos que somos salvos por gracia solamente a través de la fe, pero a veces nos animamos de forma sutil a pensar que somos santificados por completo por un esfuerzo mucho más riguroso de autodisciplina.

El apóstol no nos permitirá subsistir con esa arrogancia sutil. No nos animamos a creer que somos en una forma responsables de nuestra santificación. Somos santificados por completo sobre la misma base en la cual somos salvos: "Y esperad por completo en la gracia que se os traerá cuando Jesucristo sea manifestado" (1 Pedro 1:13). Somos santificados por completo sólo por gracia a través de sólo la fe. No está en nosotros el santificarnos a nosotros mismos. Es la obra de Dios, un regalo total de su mano, uno hecho posible debido a los sufrimientos de Cristo en la cruz del Calvario. Es la abundancia de su gracia la que nos santifica.

¡Sí! El apóstol nos recuerda eso, como niños obedientes, no debemos conformarnos con los deseos que teníamos cuando vivíamos en ignorancia. Pero es un gozo mayor el darse cuenta de que nuestra capacidad para vivir esta vida nueva y profunda en el Espíritu es capacitada por la gracia y no autoproducida.

¡La preparación primaria para la santidad es la disciplina de la fe obediente!

El modelo para la santidad.
Una de las fuentes mayores de inspiración hacia la vida santa es la vida de hombres y mujeres santos. Esas personas que conocemos, quienes de forma tranquila y consistente viven vidas de santidad transparente, tienen una influencia profunda en nosotros.

Uno de mis héroes es mi padre, quien tiene 92 años. Es un pastor nazareno jubilado y lo he visto vivir una vida de santidad frente al sarcasmo, las amenazas, la oposición y la indiferencia. Una vez lo vi poner, de forma literal, su vida en peligro para proteger a dos pescadores afroamericanos de las amenazas intimidatorias de dos hombres blancos borrachos. Lo he visto poner la otra mejilla cuando lo acusaron de forma verbal de cosas que él y otros sabían que no eran ciertas para tener luego un motivo para relaciones de redención con aquellos que lo acusaron de forma injusta. Ha sido un tremendo modelo de santidad para mí.

Probablemente conoces personas en la vida quienes han sido un modelo de semejanza con Cristo, personas en las cuales tienes la más profunda confianza debido a su integridad y santidad transparente. Simón Pedro no nos permitirá depender de aquellos santos maravillosos, sin embargo, esos santos podrían ser, como el modelo por el cual debemos medir la santidad a la cual somos llamados.

"Sed santos, porque yo soy santo" (1 Pedro 1:16). El modelo particular para nuestra santidad *es la santidad de Dios en sí mismo.*

No debería sorprendernos que en la frase siguiente de

este pasaje de *la Escritura* Pedro nos exhorte para vivir en temor reverente. Es una cosa temible contemplar la santidad de Dios. Él es *otro* en totalidad, santo en sí mismo, no tiene necesidad de agregar o sacar de alguien o de algo alguna medida de santidad. Él es el Santo, entero y completo en sí mismo. Es de quien el profeta Isaías describió, ante quien los serafines volaban y exclamaban: "Santo, santo, santo, Jehová de los ejércitos; toda la tierra está llena de su gloria" (Isaías 6:3).

Este modelo cancela otro modelo mejor de medida o cualquier esfuerzo inferior para definir la santidad a la cual somos llamados. No es un modelo abstracto, uno descrito meramente en tonos etéreos por teólogos entendidos. Esta es santidad en sandalias perfectamente encarnada en la vida de Jesús de Nazaret. Esta es santidad vivida frente al caos religioso y cultural, con dependencia absoluta del Padre y en compromiso íntimo con el mundo alrededor de Él.

El modelo de santidad al cual somos llamados está simple y profundamente demostrado en un toque amoroso extendido hacia un leproso, preocupación por la multitud hambrienta, compasión por el mendigo ciego y perdón para la prostituta culpable.

También se ve en la amonestación severa de la arrogancia religiosa y el prejuicio racial. Se expresa en celo consumidor para hacer la voluntad del Padre.

Un modelo tal de santidad es desalentador por completo para aquellos que conocen lo pecaminoso que mora profundamente en ellos. Es intimidatorio para aquellos cuyos esfuerzos orgullosos por vencer el pecado no alcanzan tal santidad. Parece inalcanzable, más allá de todo poder y capacidad humana. Es imposible. "Santo, porque Yo, el Señor tu Dios, soy un Dios santo". ¡Qué modelo bellísimo e imposible!

Pero Simón Pedro no nos deja en ese lugar de desesperación.

La base para nuestra santidad.
El fundamento sobre el cual descansa nuestra santidad no es un intento humano exaltado. No es el resultado del esfuerzo heroico de conquistar los demonios internos. Nuestra esperanza está establecida de forma clara y sin ambigüedades en estas palabras:

> ...sabiendo que fuisteis rescatados de vuestra vana manera de vivir, la cual recibisteis de vuestros padres, no con cosas corruptibles, como oro o plata, sino con la sangre preciosa de Cristo... y mediante el cual creéis en Dios, quien le resucitó de los muertos y le ha dado gloria, para que vuestra fe y esperanza sean en Dios.
> (1 Pedro 1:18-19,21)

Algunos de mis escritores favoritos son aquellos que han dado a la iglesia de Jesucristo una valoración por las disciplinas de la vida santa. En el pequeño libro clásico *La vida disciplinada,* Richard S. Taylor habla de forma profunda a mi vida como creyente joven. Aún merece la inversión de nuestro tiempo leer estas enseñanzas maravillosas. Después Richard Foster escribió *Alabanza a la disciplina.* Las palabras prácticas, desafiantes han ayudado a darle forma a muchos peregrinos espirituales cuando han aplicado las enseñanzas en sus viajes espirituales. Y el maravilloso libro de Dallas Willard, *El espíritu de las disciplinas,* provee un camino a través del pantano de confusión que rodea los propósitos de la disciplina espiritual.

La disciplina es necesaria. Es una parte vital del camino hacia la madurez espiritual y efectiva para cada creyente. Es necesaria en la preparación del corazón para la limpieza interna que el Espíritu Santo desea lograr en nosotros.

Pero la disciplina no es la fuente o la base de la santidad. Nunca podemos cultivar la santidad por el esfuerzo humano. Nuestros mejores esfuerzos no son sino trapos de inmundicia y no producen otra cosa que no sea desesperación en aquellos que hacen un intento por llegar a ser dignos de estar ante un Dios santo.

Pero las buenas nuevas del evangelio se encuentran justo en este lugar. Nuestra santidad no es el producto de un esfuerzo. Es el regalo de Dios, provisto sobre la base de la obra completa de Cristo en su sufrimiento, muerte y resurrección. Se proveyó para nosotros en el Calvario y se nos hizo real por el poder y la presencia purificadora del Espíritu Santo, sólo por gracia, cuando creemos de forma cierta y recibimos la promesa y la presencia, sólo por medio de la fe. En ese momento, cuando rendimos nuestro ser y voluntad a Dios, Él es capaz —y anhela apasionadamente— purificar nuestro corazón de todo pecado.

Esta es una obra magnífica de Dios. Es una experiencia de su gracia y de su presencia y no el resultado de nuestro mérito o nuestro esfuerzo. Es un regalo purificado, no merecido. Es por medio de este regalo benévolo que Pedro insiste que compartamos el mismo ser de Dios. Él nos da, dice Pedro, todo lo que necesitamos para la vida y para la bondad (Véase 2 Pedro 1:3). Él cumple las promesas que nos hizo: "Para que por ellas llegaseis a ser participantes de la naturaleza divina" (2 Pedro 1:4). ¡Qué realidad asombrosa!

Él nos da su ser a nosotros. Nosotros vivimos en Él. Nuestra santidad es su regalo para nosotros.

Esto no disminuye la responsabilidad que tenemos de vivir en obediencia y de practicar las disciplinas diarias de crecimiento y salud espiritual. Pero este es un recordatorio maravilloso que nuestra santidad no es algo original en nosotros. Viene de Él.

La expresión de nuestra santidad.

No debe perderse en nosotros el tema de que Simón Pedro escribió en la diversidad cultural que caracterizó a las regiones en las cuales estos seguidores de Cristo vivieron y adoraron. Estas personas eran propensas a los mismos tipos de señales culturales que pueden aferrarse con firmeza a nosotros.

Vivir la vida de santidad no significa que encontraremos fácil el confrontar los prejuicios y vencer la ceguera o indiferencia con las personas que nos rodean. Por el contrario, como Pedro les recuerda a los creyentes más tarde en la carta, ellos debían abrazar una nueva realidad de forma consciente.

En vez de las diferencias culturales y políticas, quizá incluso diferencias lingüísticas, ahora son parte de una nueva realidad. "Mas vosotros sois linaje escogido, real sacerdocio, nación santa, pueblo adquirido por Dios" (1 Pedro 2:9). Las distinciones antiguas no se aplican más. Los prejuicios antiguos deben morir. "Habiendo purificado vuestras almas por la obediencia a la verdad, mediante el Espíritu, para el amor fraternal no fingido, amaos unos a otros entrañablemente, de corazón puro" (1 Pedro 1:22).

Este es amor incondicional. Este es amor santo. Este es amor que es el mismo reflejo del amor de Dios. Esta es una acción práctica y humilde. Es amor que quiebra barreras, que perdona ofensas, que compromete la vida. Esta es la experiencia y expresión de amor que es posible sólo en el poder y en la presencia del Espíritu Santo. Este es el amor al cual Jesús llamó a los discípulos. Este es el amor que Pablo describió a los corintios. Este es el amor perfecto al cual Juan Wesley invitó a los lectores en el sermón *La vía escrituraria de la salvación*:

¿Qué es la perfección? Es el amor que excluye pecado, amor que llena el corazón, que absorbe toda la capacidad del alma... Como claramente se expresa, ¡está siendo perfeccionado en amor! ¡Cuán fuertemente implica el ser salvo de todo pecado! Porque mientras el amor ocupe todo el corazón, ¿qué lugar hay allí para el pecado?

"Ámense unos a otros profundamente de corazón", escribió Pedro. Esto lo escribió a los creyentes en un mundo acentuado con las señales culturales que dividía a las personas una de otras. "Puedes hacer esto", dijo. "No es una demanda. Es una promesa. Este es el regalo de Dios para ti. Te invita a un encuentro con Él mismo que te dispondrá por completo de otra forma. No te ofrece más demandas sino una promesa rica y excitante. Él hará en ti lo que pide de ti".

Esta es la promesa de la santidad. Esa es su invitación para ti.

¿Recibirás su regalo hoy?

11
LA PROMESA DEL ESPÍRITU SANTO
Nina G. Gunter

Texto: Juan 16:5-15

El 4 de julio de 1776, los miembros del Congreso Continental reunidos en Filadelfia firmaron la Declaración de la Independencia de los Estados Unidos de América. Con esta acción, se lanzó la Revolución estadounidense y nació una nueva nación. Fue irónico que ese mismo día, el rey Jorge III de Inglaterra escribiera estas palabras en su diario: "Nada de importancia sucedió hoy".

En el Día de Pentecostés, 120 seguidores de Jesús estaban reunidos en Jerusalén. De repente, el Espíritu de Dios llenó a cada uno de ellos. En ese día, nació la iglesia, algo desconocido para los encargados de llevar los registros históricos, para quienes nada de importancia duradera sucedió en ese evento. Fue en ese día que el Espíritu Santo, la tercera persona de la divina trinidad vino sobre los creyentes y los llenó con su presencia. En ese día nació la iglesia de Jesucristo. El cuerpo de Cristo se convirtió en la novia de Cristo. De esta manera, la Iglesia del Nazareno declara en el *Artículo III* de los 16 *Artículos de fe*:

El Espíritu Santo

Creemos en el Espíritu Santo, la Tercera Persona de la Divinidad Trinidad, que Él está siempre presente y eficazmente activo en la Iglesia de Cristo y juntamente con ella, convenciendo al mundo de pecado, regenerando a los que se arrepienten y creen, santificando a los creyentes y guiando a toda verdad la cual está en Jesucristo.

Una de las grandes posesiones de nuestra iglesia son los *Artículos de fe*, los cuales comprometen nuestra afirmación de fe. En el año 2007 tuve el privilegio de estar en una de las áreas cerradas al evangelio. En ese país, alrededor de 300 personas se identificaban con la Iglesia del Nazareno. Antes de hacer esa identificación, memorizan y les repiten a los líderes de la iglesia los 16 *Artículos de fe*. Este procedimiento representa un testimonio poderoso de la importancia que le damos a estas afirmaciones y deberíamos animar a los nazarenos en todo lugar para que reafirmen nuestra fe en ellos.

Desde que el Espíritu Santo vino, llenando a aquellos creyentes del primer siglo en ese primer Pentecostés después del regreso del Señor al cielo, Dios ha estado presente en el mundo. Esto me anima a saber que Dios está con nosotros en cada momento de todos los días.

El Espíritu Santo convence de pecado, de justicia y de juicio.

Juan 16:8 dice: "Y cuando él venga, convencerá al mundo de pecado, de justicia y de juicio". Necesitamos a alguien que nos convenza. Necesitamos a alguien que nos guíe cuando estemos equivocados. Como creyentes, rendimos nuestro ser a la obra del Espíritu Santo para que nos convenza, nos guíe, para que vivamos vidas correctas, santas y piadosas en este mundo presente. El Espíritu Santo nos convence y nos corrige cuando nuestros juicios, actitudes y conversaciones no son santas.

Hace muchos años, el Superintendente General R. T. Williams presidía una asamblea de distrito y los asuntos se desarrollaban de forma normal. Llegó el momento de los informes de los pastores. Comenzaron a llamar a los pastores de a uno, como hacemos en la actualidad y un pastor en particular procedió a dar su informe. No había pastoreado por mucho tiempo, pero estaba más bien avergonzado de dar el informe. No tenía estadísticas buenas para informar a la asamblea. Había disminución en todas las áreas, los presupuestos no se habían pagado. Cuando el pastor terminó el informe, el doctor Williams miró al pastor y lo reprendió de una forma más bien fuerte. El pastor se sentó humildemente. Los asuntos siguieron con otros pastores que daban informes hasta que llegó el momento de la pausa para el almuerzo.

A las 14:00 horas, reanudaron la sesión y el doctor Williams se paró en la plataforma, caminó hacia el estrado y con una voz quebrada dijo: "Antes de que reanudemos la sesión, quiero pedirle al pastor [lo llamó por su nombre] que se ponga de pie".

El pastor censurado se puso de pie, sin saber qué era lo que iba a suceder. Luego, el doctor Williams, con la voz desgarrada dijo: "Hermano, necesito pedirte que me perdones. Esta mañana te reprendí con el espíritu incorrecto y el Espíritu Santo me ha corregido. No fui a almorzar hoy, fui a la habitación del hotel y oré y ayuné, porque quiero que mi relación con el Señor sea agradable para Él. Y te pido que me perdones por el espíritu con el cual te reprendí. Quiero que sepas, hermano, que este año seré tu compañero de oración, me uniré a ti y a tu congregación en oración para que el Señor traiga un avivamiento poderoso en tu iglesia. Las cosas no serán como siempre, sino que Dios vendrá y tendrás el año de mayor victoria que jamás hayas tenido en la iglesia". ¿No te encantaría oír el informe del pastor del siguiente año?

Así es como quiero vivir. Sé que quieres vivir también de esa forma. Queremos ser sensibles a la corrección y a la convicción del Espíritu Santo cada día. Cuando evaluamos nuestra vida y nuestro caminar con Él, queremos ser sensibles a la forma en la que el Espíritu Santo nos guía. Dios, a través de su gracia y misericordia, nos da espacio para el arrepentimiento.

Cada uno de nosotros tenemos una historia o testimonio personal. Permíteme compartir un destello del mío. Fui salva a una edad muy temprana y nunca estuve en pecado profundo. Sin embargo, me he arrepentido más desde que he sido salva que cuando fui salva siendo pequeña. Quiero ser sensible a la corrección y a la convicción del Espíritu Santo. Hay un lugar en la teología nazarena para la confesión y para el arrepentimiento, lo cual nos mantienen en el buen camino de nuestra relación con el Señor.

El Espíritu Santo nos conecta con Dios.

Juan 16:13-15 dice:

> Pero cuando venga el Espíritu de verdad, él os guiará a toda la verdad; porque no hablará por su propia cuenta, sino que hablará todo lo que oyere, y os hará saber las cosas que habrán de venir. El me glorificará; porque tomará de lo

mío, y os lo hará saber. Todo lo que tiene el Padre es mío; por eso dije que tomará de lo mío, y os lo hará saber.

Jesús oró: "Yo en ellos, y tú en mí" (Juan 17:23). Sin esta realidad, el cristianismo sólo sería una religión.

Debido a que el Espíritu Santo ha venido, tenemos una relación con Dios. Estamos conectados con Dios el Padre, Dios el Hijo y Dios el Espíritu Santo. Este último es nuestro compañero, día tras día. Es nuestro Consolador. Leemos en Juan 16:7: "Conviene que yo me vaya; porque si no me fuera, el Consolador no vendría a vosotros". Él es nuestro Consolador. Es nuestro consejero. El Espíritu Santo es Dios en la experiencia normal y vívida de la fe cristiana. ¡Cómo necesitamos al Consejero, al Consolador! Él nos guiará a toda verdad. Dará sabiduría espiritual, conocimiento y comprensión de la verdad.

¡Cuánto necesitamos la sabiduría cuando no sabemos cuál es la decisión correcta! Podemos ir a quien ha prometido ser nuestra sabiduría espiritual y que nos guía a toda verdad. Dios dice en Santiago 1:5 que le pidamos a Él cuando carezcamos de sabiduría. Continúa diciendo que nos la dará. ¡Qué promesa maravillosa!

El Espíritu Santo también nos transforma a la imagen de Cristo.

Jesús continúa este mensaje en Juan 17 cuando ora "sino que los guardes del mal. ...santifícalos en tu verdad" (vv.15,17). Jesús oró en el versículo 23: "Yo en ellos, y tú en mí, para que sean perfectos en unidad". En el versículo 26 oró, "para que el amor con que me has amado, esté en ellos, y yo en ellos y Santifícalos en tu verdad; tu palabra es verdad" (v.17).

Imagina esto, ¡Jesús en nosotros! ¿No es esa una verdad asombrosa? Jesús en nosotros, su imagen, su rectitud. Después de todo, fuimos creados para ser como Dios en verdadera rectitud y santidad. Sabemos que perdimos la imagen de Dios en la caída, y nuestra vida, sin la obra del Espíritu Santo que nos transforma, no luce como Jesucristo. Pero cuando nos sometemos a la obra del Espíritu Santo en su poder y presencia santificadora, somos transformados a la semejanza de Jesucristo. Ese es el mensaje bíblico de santidad, semejanza de Cristo. Dios que perfecciona su propósito en nosotros, la obra limpiadora y purificadora del Espíritu Santo nos libra del deseo de servir a nuestro ser. El Espíritu Santo crucifica el ser pecaminoso y resucita uno nuevo para ser como Jesucristo.

Regularmente, cuando examino mi propio corazón en mi caminar con el Señor, pregunto: *Dios, ¿soy como Cristo en mis acciones, en la forma en la que trato a las personas, la forma en la que trato a la iglesia de Dios? ¿Amo a Dios con todo mi corazón, alma, mente y fuerza? ¿Amo a mis prójimos como a mí mismo?* Esta es la imagen de Dios. Esto es la semejanza de Cristo. Esta es la vida, el modelo, al cual Dios nos llama.

El Espíritu Santo nos capacita para vivir el propósito de nuestra vida individual y corporativamente.

Leemos esto en Juan 16:13: "Él os guiará a toda la verdad; porque no hablará por su propia cuenta, sino que hablará todo lo que oyere, y os hará saber las cosas que habrán de venir". El Espíritu Santo nos dice las cosas por venir. ¿Por qué? Porque estamos enfocados en llevar el propósito y la voluntad de Dios en nuestra vida individual. Jesús continúa y dice: "...pedid, y recibiréis, para que vuestro gozo sea cumplido" (v.24). La iglesia, que nació ese día cuando el Espíritu se derramó como Jesús dijo que sería, no podía ser un amontonamiento santo.

Cuando hay un avance espiritual, la congregación se mueve fuera del acurrucamiento santo. La iglesia primitiva tuvo que moverse. Lo hicieron como un cuerpo unido, en acuerdo. Se convirtieron en el cuerpo de Cristo. Oyeron el sonido del viento. En hebreo, la palabra "viento" es la misma que se usa para Espíritu, voz, aliento de Dios. Todos estaban asombrados y preguntaban: "¿Qué es lo que sucede?" (Véase Hechos 2).

¿No te encantaría oír eso? Sería un avance espiritual tal en las iglesias y en los distritos que la gente diría, "¿Qué es lo que está pasando en el mundo?"

Y Pedro se paró y dijo:

...oíd mis palabras. Porque éstos no están ebrios...Mas esto es lo dicho por el profeta Joel: Y en los postreros días, dice Dios, Derramaré de mi Espíritu sobre toda carne.
(Hechos 2:14-17)

Y Pedro continuó:

A este Jesús resucitó Dios... Así que, exaltado por la diestra de Dios, y habiendo recibido del Padre la promesa del Espíritu Santo, ha derramado esto que vosotros veis y oís.
(vv.32-33)

Y luego las personas hicieron otra pregunta: "Qué haremos". Y Pedro también respondió esta pregunta en el poder del Espíritu Santo:

> Arrepentíos, y bautícese... para perdón de los pecados; y recibiréis el don del Espíritu Santo. Porque para vosotros es la promesa, y para vuestros hijos, y para todos los que están lejos; para cuantos el Señor nuestro Dios llamare.
>
> (vv.38-39)

Tres mil fueron salvos ese día. Los 120 se convirtieron en 3,120. Recibieron poder. Se convirtieron en testigos. Y 20 siglos después, Jesús continúa diciendo, en palabras que creo que son frescas y nuevas para todos nosotros, que recibiremos poder: "Pero recibiréis poder, cuando haya venido sobre vosotros el Espíritu Santo, y me seréis testigos en Jerusalén, en toda Judea, en Samaria, y hasta lo último de la tierra" (Hechos 1:8).

Este es el texto misionero de oro del Nuevo Testamento.

Preguntamos, ¿es este versículo para nosotros ahora? ¡Sí! Es el mismo Espíritu, el mismo Señor y las mismas necesidades en los corazones, en las iglesias, en el mundo. ¿Puedes imaginarte qué es lo que esos discípulos pensaron cuando Jesús les dijo que cuando viniera el Espíritu Santo sobre ellos serían testigos?

Imagina qué es lo que deben haber pensado cuando Jesús dijo, "en Jerusalén".

Pero Señor, eso es el hogar. Ahí es donde te fallamos. Ahí es donde pareció que Satanás había ganado una victoria. Ese es el lugar de nuestra noche oscura y ¿nos dices que seamos testigos allí?

¡Sí! Ahí es donde comienza, porque confiamos en que Dios está en cada paso que damos al ser testigos suyos; el Espíritu Santo nos reviste para que demos el siguiente paso.

"Y Judea".

Señor, sabes que incrédula es esa nación. ¿De qué forma mi testimonio contará para justicia?

No podemos cederle la nación a Satanás. Dios está aún con nosotros y quiere que seamos sus testigos aquí y en cualquier lugar del mundo. ¿Cómo lo podemos hacer? Podremos hacerlo cuando el Espíritu Santo venga sobre nosotros.

"Y Samaria".

Oh, Señor, ellos no. Los samaritanos son lo bajo y lo que está fuera, los desposeídos. Son los sin hogar, los hambrientos, los que están en prisión. ¿De qué forma les respondemos? ¿Cómo les mostramos amor a aquellos que no han sido tratados con justicia? ¿Cómo tenemos cuidado de los hambrientos y de los enfermos? ¿Y de qué forma les mostramos misericordia y gracia a ellos? ¿Por qué? ¿Cómo?

Debido a que el Espíritu Santo viene sobre nosotros, somos revestidos para llevar a cabo el propósito de Dios en nuestra vida.

¿Puedes imaginarte qué es lo que deben haber pensado y cómo se sintieron cuando oyeron a Jesús decir, "Y hasta lo último de la tierra?"

¿Cómo podemos hacer eso Señor? Después de todo, tenemos tanto que hacer aquí.

Pero no se trata de aquí o allá, se trata de ambos lugares y aun más. El Señor nos envía a todos los pueblos, a todas las naciones, a todos lados, sí, a nuestras comunidades, a nuestra propia Jerusalén y debemos ir hasta lo último de la tierra.

En ese país cerrado al evangelio que mi esposo y yo visitamos, la camioneta completamente cargada con nuestro grupo se paró en un pequeño restaurante al aire libre. Estábamos sentados almorzando juntos cuando de repente vi al conductor de la camioneta sentado en otra mesa. Nuestro líder de distrito y uno de los pastores tenían las Biblias abiertas, sentados allí con el conductor. Me volví a una persona que estaba sentada a mi lado y le dije:

—¿Qué es lo que sucede en la mesa de al lado?

—Están testificando.

—¿No es un poco arriesgado hacerlo aquí, tener las Biblias abiertas y testificar?

—No piensan en eso. Saben que Dios los llamó para que sean testigos suyos. Hay una pasión tal en los corazones por compartir el evangelio que buscan cada oportunidad disponible para hablarle a alguien acerca de Jesucristo. Ya han descubierto que este chofer no sabe nada acerca de Cristo o de la Biblia.

Mientras el resto de nosotros almorzábamos, ellos se olvidaron de la comida y, revestidos por el Espíritu Santo, compartieron y testificaron acerca de Jesucristo. Cuando los nazarenos en ese país cerrado al evangelio se reúnen los domingos, informan a cuántas personas les han testificado durante la semana. En promedio, es alrededor de mil personas por semana.

Pensé: *Lo tienen. Saben de que se trata todo esto, lo que Jesús quiso decir cuando expresó: "Cuando el Espíritu Santo venga sobre ustedes me seréis testigos".*

Dios dice: *Sí, he enviado el Espíritu Santo para convencerte y corregirte. He enviado el Espíritu Santo para conectarte, para que tú seas en mí y yo en ti. He enviado el Espíritu Santo para transformarte a la imagen de Dios, para que vivas y seas como Cristo. He enviado el Espíritu Santo para revestirte para que vivas una vida de acuerdo con el propósito de Dios, para hacer discípulos a la semejanza de Cristo en las naciones.*

A. W. Tozer dijo: "Si Dios quitara su Espíritu, el 95 por

ciento de las cosas que la iglesia hace seguirían su curso". No sé acerca de ese porcentaje, pero me temo que es realmente alto. Somos culpables de trabajar en la carne y por nuestro propio conocimiento, de acuerdo con nuestro propio marco de referencia sin depender, confiar y creer firmemente como debemos y podemos a través de la preciosa sangre de Jesucristo. El Espíritu Santo ha venido a ayudarnos y es capaz de hacer mucho más de lo que nos imaginamos. Jesús dijo, "Sí, me iré, pero cuando me vaya, les enviaré el Espíritu Santo". Sabemos que Jesús ascendió al cielo. Pero gracias a Dios, el Espíritu Santo ha venido a dar gracia y poder a la iglesia. ¿Por qué? Para que la iglesia pudiera proclamar las obras poderosas de Dios a través de Cristo.

Experimentaremos un avance del Espíritu Santo cuando el Espíritu se abra paso, las barreras se quiebren, se formen las comunidades, se establezca la unidad, los cuerpos se sanen, las ciudades se renueven, los hogares se reacomoden, las personas desanimadas cobren ánimo y las personas amargas se endulcen. Los huesos viejos secos se sacudirán y las personas tibias se encenderán con fuego. Los creyentes se santificarán por completo. La esperanza se restaurará y las personas serán bendecidas. Permitamos que el Espíritu Santo irrumpa en nosotros. Entones Jesús será levantado y Dios será glorificado.

En ese día, el Día de Pentecostés, no se podrá escribir: "Nada importante sucedió hoy", por ¡lo significativo que será!

12
TU VIDA EN SEIS PALABRAS
J. K. Warrick

Texto: Filipenses 1:21

Historias de vida, todo en seis palabras es parte de la revista Smith, <www.smithmag.net>, una publicación en la Internet. Es la idea original del autor Larry Smith.

Aquí hay algunos ejemplos: "Príncipe besado, se convirtió en sapo". "La vida es una mascota, yo soy zapatos marrones". "Por favor, dime que hay más". "Yo era joven, necesitaba el dinero". "No exactamente como lo tenía planeando". "Tomé un camino diferente, nunca llegué". "Resultó que Dios tenía la razón".

Quizá el más incisivo de todos es este: "No exactamente como lo tenía planeando".

Hay algo acerca de cada una de estas historias de vida que hace que mi mente se maraville. Realmente me gustaría saber acerca de todas las vidas resumidas en estas frases cortas.

Historias de vida en pocas palabras. Inteligente, ¿no?

Bueno, aquí hay una del Nuevo Testamento que se podría agregar a la revista en línea: "Para mí el vivir es Cristo" (Filipenses 1:21). Estas seis palabras cortas resumen la vida de una persona. ¡Seis palabras que lo dicen todo! "¡Para mí el vivir es Cristo!"

Como con otras historias, quiero saber el *resto* de la misma. Afortunadamente, en este caso tenemos esa historia.

Estas son las palabras de un hombre llamado Pablo, quien vivió hace alrededor de dos mil años. Era un apóstol de Jesucristo. Escribía desde una prisión romana. La vida no transcurría de forma muy suave para él cuando escribió estas palabras. Nacieron del sufrimiento y del conflicto. Por aproximadamente 30 años él había viajado y predicado, y alcanzado a otros en el nombre de Jesucristo. Ahora, aquí estaba en la prisión. Realmente no concordaba. Sus amigos y seguidores no lo podían entender. ¡No estaba bien!

Algunas personas tomaban ventaja del encarcelamiento de Pablo y predicaban a Cristo en un esfuerzo por dañar su reputación y causar más problemas. Otros predicaban a Cristo por motivos buenos y por razones correctas. Mientras luchaba con todo esto, llegó al punto en el que podía decir de forma honesta: "¿Qué, pues? Que no obstante, de todas maneras, o por pretexto o por verdad, Cristo es anunciado; y en esto me gozo, y me gozaré aún" (Filipenses 1:18).

Pablo decía que lo que le estaba sucediendo no importaba, que su consuelo no era el tema. ¡Todo se trataba acerca de Cristo! Esta paz mental y gozo en el medio de su propio sufrimiento lo guió a estas seis palabras "para mí el vivir es Cristo".

Estaríamos en lo cierto al decir que esta es la esencia de la vida santa, de la vida santificada. Es la mente de Dios que toma posesión del ser interno del hombre.

Entonces, ¿cuál es el resto de la historia? O, dicho de otra manera, ¿qué es lo que significan estas palabras? La pregunta que todos enfrentamos es, ¿de qué forma vamos a encontrar el camino hacia estas palabras en nuestras propias vidas?

Al menos parte de la respuesta a esa pregunta se encuentra en Filipenses 3:7-16. En esta parte de la carta a los creyentes de Filipos, Pablo les abre su corazón a ellos y a nosotros. Intencionalmente nos permite ver cómo estas palabras llegaron a ser la historia de su vida.

La persona de Cristo.

Comenzó con una persona, la persona de Cristo. En Hechos 9 tenemos la historia de la conversión de Pablo. Aproximadamente 30 años antes, en el camino a Damasco, Saulo de Tarso tuvo un encuentro con el Cristo de la cruz que le cambió la vida y nunca volvió a ser el mismo. En el camino a Damasco mientras perseguía a los creyentes, Saulo fue golpeado hasta el piso y cegado por una luz como la del sol del mediodía.

Este es el testimonio mientras él recuerda ese momento increíble.

> ...Oí una voz que me hablaba, y decía en lengua hebrea: Saulo, Saulo, ¿por qué me persigues? Dura cosa te es dar coces contra el aguijón. Yo entonces dije: ¿Quién eres, Señor? Y el Señor dijo: Yo soy Jesús, a quien tú persigues. Pero levántate, y ponte sobre tus pies; porque para esto he aparecido a ti, para ponerte por ministro y testigo de las cosas que has visto, y de aquellas en que me apareceré a ti, librándote de tu pueblo, y de los gentiles, a quienes ahora te envío, para que abras sus ojos, para que se conviertan de las tinieblas a la luz, y de la potestad de Satanás

a Dios; para que reciban, por la fe que es en mí, perdón de pecados y herencia entre los santificados.

Por lo cual, oh rey Agripa, no fui rebelde a la visión celestial, sino que anuncié primeramente a los que están en Damasco, y Jerusalén, y por toda la tierra de Judea, y a los gentiles, que se arrepintiesen y se convirtiesen a Dios, haciendo obras dignas de arrepentimiento.

(Hechos 26:14-20)

Pablo recuerda en este tercer capítulo de Filipenses que en ese momento eligió a Jesucristo por sobre todas las cosas y personas y se rindió a Cristo como el maestro de su vida. Se rindió a su voluntad y a sus propósitos. Se rindió a la misión de Cristo en el mundo. El ya desaparecido Paul Rees lo podría haber expresado de esta manera, que Cristo, "lo suavizó, lo quebró, lo ganó y lo transformó".

Al recordar ese momento desde la perspectiva del tiempo, el apóstol Pablo también dijo:

Pero cuantas cosas eran para mí ganancia, las he estimado como pérdida por amor de Cristo. Y ciertamente, aun estimo todas las cosas como pérdida por la excelencia del conocimiento de Cristo Jesús, mi Señor, por amor del cual lo he perdido todo, y lo tengo por basura, para ganar a Cristo.

(Filipenses 3:7-8)

Lo que decía era esto: "Cuando me encontré con Jesucristo por primera vez, Él ganó mi corazón y mi amor. Y ahora, después de 30 años de misterio, aún considerando las circunstancias actuales, ¡aún ha ganado mi corazón y mi amor! Ahí está. Una vez estimé todas las cosas como pérdida para Cristo y aún hoy estimo todas las cosas como pérdida para Cristo, ¡para mí el vivir es Cristo!"

De forma voluntaria y alegre, Pablo dejó de lado toda ventaja que tenía para ser de Cristo y sólo de Cristo. Ahora anhelaba identificarse con Él en todas las cosas.

Miremos lo que dijo Pablo:

- *Quiero conocerlo.* ¡La persona de Cristo! Aquí hay un deseo profundo por intimidad con Cristo, por conocerlo y amarlo.
- *¡Quiero conocer el poder de la resurrección!* Anhela vivir en el poder del Cristo levantado. Pablo testificó acerca del poder transformador de la resurrección en Gálatas 2:20: "Con Cristo estoy juntamente crucificado, y ya no vivo yo, mas vive Cristo en mí; y lo que ahora vivo en la carne, lo vivo en la fe del Hijo de Dios, el cual me amó y se entregó a sí mismo por mí". Recuerdo las palabras de Rodney Shanner en el informe de la Asamblea de Distrito del sur de Arkansas: "Estoy aprendiendo a vivir a los pies de la cruz en el poder de la resurrección".
- *Quiero conocer la comunión de sus sufrimientos, conformarme a su muerte,* ¡la pasión de Cristo!
- *Estoy crucificado con Cristo, y ya no vivo yo.* ¡Mi vida se pierde en la suya!

Llegamos cerca de un entendimiento de estas seis palabras: "para mí el vivir es Cristo". El significado incluye:

- Conocerlo.
- Conocerlo a Él y al poder de la resurrección.

- Conocerlo a Él y la participación de sus sufrimientos.
- Conocerlo a Él y ser conformados a su muerte.

¡Es Cristo en todo y todo en Cristo! Pablo podría no tener rectitud en sí mismo, sino sólo aquella que viene a través de la fe en Cristo (Véase Filipenses 3:9). Renuncia a la "carne", ese principio de vida propia. ¡Su pasión es ganar a Cristo y conocerlo! Anhela tener la imagen de Jesucristo en su vida diaria para que otros puedan ver a Cristo en él.

Bien podría haber usado las palabras de David Bryant en el libro *Christ is All* [Cristo es todo]: "El que tiene a Cristo lo tiene todo. El que tiene todo excepto a Cristo, en realidad no tiene nada".

"¡Para mí el vivir es Cristo!"

Pero hay más detrás de estas seis palabras, "para mí el vivir es Cristo". Hablan no sólo de una persona que está enamorada de Jesucristo sino también de una cuya búsqueda de vida es este Cristo.

La búsqueda de Cristo.

Escuchemos una vez más el testimonio de Pablo. Reflejado en su ambición y deseo de conocer a Cristo, el poder de la resurrección y la comunión de los sufrimientos, el ser conformado a la semejanza de su muerte, dice:

> No que lo haya alcanzado ya, ni que ya sea perfecto; sino que prosigo, por ver si logro asir aquello para lo cual fui también asido por Cristo Jesús. Hermanos, yo mismo no pretendo haberlo ya alcanzado; pero una cosa hago: olvidando ciertamente lo que queda atrás, y extendiéndome a lo que está delante, prosigo a la meta, al premio del

supremo llamamiento de Dios en Cristo Jesús. Así que, todos los que somos perfectos, esto mismo sintamos; y si otra cosa sentís, esto también os lo revelará Dios. Pero en aquello a que hemos llegado, sigamos una misma regla, sintamos una misma cosa.

(Filipenses 3:12-16)

"Para mí el vivir es Cristo".
- Una persona, ¡Jesucristo!
- Una búsqueda, ¡Jesucristo!

La frase clave en ese pasaje es esta: "Pero yo prosigo".
- Olvidando lo que queda atrás, prosigo.
- Extendiéndome a lo que está delante, prosigo.

Todo lo que está en el pasado debe dejarse atrás. Tanto lo bueno como lo malo deben olvidarse y dejarse y preferir siempre lo que está por delante. ¿Y que es lo que está por delante? ¡La búsqueda de Jesucristo!

Muchos de ustedes pueden recordar el coro en el cual declaramos que hemos decidido seguir a Jesús y no volver atrás. No había nada por lo cual Pablo se volvería atrás. La única búsqueda era Cristo y sus propósitos en la vida y en el mundo.

Pablo dice: "Extendiéndome a lo que está delante, prosigo a la meta" (Filipenses 3:13-14). Reconoce que su vida espiritual no es un piloto automático. Prosigue, ofreciendo todo su ser a esta búsqueda, una cosa. Es intencional. Es a propósito. Así como un corredor se enfoca en la línea de llegada, el apóstol se enfoca en Cristo y en los propósitos de Él.

Es en este pasaje encontramos lo que parece ser una contradicción. Casi con el mismo aliento dice: "No que lo haya alcanzado ya, ni que ya sea perfecto (v.12) y luego "todos los que somos perfectos" (v.15).

Debe notarse que la palabra traducida como "perfecto" en el versículo 12 es la misma palabra que se usa en el versículo 15, con la idea de "madurez".

Paul Rees señala en el libro *The Adequate Man* [El hombre adecuado] que hay una contradicción que deja afuera la perfección. La perfección a la que se refiere en este caso es a la perfección celestial que espera el regreso de nuestro Señor Jesucristo. Aún no hemos alcanzado la perfección literal reservada para el fin de los tiempos. Aún no estamos glorificados.

No obstante, al mismo tiempo, es una declaración que trae la perfección. "Todos los que somos perfectos". Hay una madurez o perfección que se debe materializar en la vida presente. Es esa perfección o madurez la que hace posible esta afirmación: "Una cosa hago". Permíteme tomar prestadas las palabras de Paul Rees una vez más: "Esto es decir perfección de una clase: Relativa y no absoluta, en desarrollo y no estática, un derivado de la gracia divina y no en algún sentido un despliegue de bondad humana".

Haríamos bien en pensar en ello como la pureza del corazón que hace posible lo que Pablo hizo en su vida y que deberíamos hacer como creyentes que escogemos formar parte de esta experiencia de gracia.

Soren Kierkegaard escribió un libro titulado *La pureza del corazón es querer una sola cosa*. Terminó con esta oración:

> Entonces permite dar al intelecto, sabiduría para comprender una cosa; al corazón, sinceridad para recibir esta comprensión; a la voluntad, pureza que desea una cosa.

En prosperidad que permitas conceder perseverancia para anhelar una cosa; en medio de las distracciones, recogimiento para desear una cosa; en sufrimiento, paciencia para desear una cosa.

Es esta madurez o perfección lo que hace posible para uno tener la mente de Cristo, como el deseo ardiente que tenía Pablo en Filipenses 2:5: Haya, pues, en vosotros este sentir que hubo también en Cristo Jesús.

Debemos tener la mente de Cristo. Pablo nos recuerda aquí que es una perfección o madurez la que hace posible este punto de vista:

> ...pero una cosa hago: olvidando ciertamente lo que queda atrás, y extendiéndome a lo que está delante, prosigo a la meta, al premio del supremo llamamiento de Dios en Cristo Jesús. Así que, todos los que somos perfectos, esto mismo sintamos; y si otra cosa sentís, esto también os lo revelará Dios. Pero en aquello a que hemos llegado, sigamos una misma regla, sintamos una misma cosa.
>
> (Filipenses 3:13-16)

¡Es esta perfección o madurez lo que activa en nosotros la búsqueda de Cristo! ¡Es esta perfección o madurez la que mantiene el corazón sensible al Espíritu Santo! Es esta perfección o madurez la que nos hace responsables de lo que ya hemos aprendido o experimentado.

"¡Para mí el vivir es Cristo!" Jesús es la vida y la vida es Jesús.

¿Es esto posible? Para muchos de nosotros parece como

un sueño imposible. Sentimos como si viviéramos la vida sin una búsqueda completa. Vamos detrás de muchas cosas sin una búsqueda que le dé coherencia a nuestras vidas.

Si de hecho es posible, ¿de qué forma debemos experimentar esto en nuestra propia vida? ¿Podemos esperar simplemente tropezar con la gracia y de repente encontrarnos a nosotros mismos con esta forma de pensar? Mientras que no hay direcciones específicas para nosotros en Filipenses, hay, de hecho, pistas a lo largo del camino.

En Filipenses 1:9-11. Pablo oró una oración reveladora para los creyentes en Filipos.

Y esto pido en oración, que vuestro amor abunde aun más y más en ciencia y en todo conocimiento, para que aprobéis lo mejor, a fin de que seáis sinceros e irreprensibles para el día de Cristo, llenos de frutos de justicia que son por medio de Jesucristo, para gloria y alabanza de Dios.

Y mientras miramos en cualquier otro lugar en la Escritura, encontramos más lenguaje explícito. Leemos en muchas de las cartas de Pablo exhortaciones específicas para los lectores (creyentes), para rendirse a sí mismo por completo a Dios en Cristo. Su testimonio personal fue uno de rendición completa a la persona de Cristo y a la búsqueda de Cristo. El insta a todos los creyentes a hacer lo mismo.

Escucha Romanos 12:1-2:

> Así que, hermanos, os ruego por las misericordias de Dios, que presentéis vuestros cuerpos en sacrificio vivo, santo, agradable a Dios, que es vuestro culto racional. No os conforméis a este siglo, sino transformaos por medio de la renovación de vuestro entendimiento, para que comprobéis cuál sea la buena voluntad de Dios, agradable y perfecta.

Esta es la forma de madurez o perfección espiritual acerca de la cual habla la Biblia. Este es el camino a una vida que se puede resumir en estas seis palabras: "Para mí el vivir es Cristo".

Tu vida en pocas palabras, ¿qué palabras elegirías en la actualidad?

"Por favor, dime que hay más".

"Tomé un camino diferente, nunca llegué".

"No exactamente como lo tenía planeando".

"Príncipe besado, se convirtió en sapo".

Yo escogería estas seis palabras: "Para mí el vivir es Cristo".

www.ingramcontent.com/pod-product-compliance
Lightning Source LLC
Chambersburg PA
CBHW031356040426
42444CB00005B/315